舆论陷阱

媒体危机应对指南

栾帆 著

清华大学出版社

北京

图书在版编目（CIP）数据

舆论陷阱：媒体危机应对指南 / 栾帆著 . —北京：清华大学出版社，2021.9（2024.5 重印）
ISBN 978-7-302-58916-7

Ⅰ.①舆…　Ⅱ.①栾…　Ⅲ.①传播媒介－舆论－研究　Ⅳ.① G206.2

中国版本图书馆 CIP 数据核字 (2021) 第 174429 号

责任编辑：顾　强
装帧设计：方加青
责任校对：王荣静
责任印制：杨　艳

出版发行：清华大学出版社
　　　　　网　　　址：https://www.tup.com.cn，https://www.wqxuetang.com
　　　　　地　　　址：北京清华大学学研大厦 A 座　　**邮　　编：**100084
　　　　　社 总 机：010-83470000　　　　　　　　　**邮　　购：**010-62786544
　　　　　投稿与读者服务：010-62776969，c-service@tup.tsinghua.edu.cn
　　　　　质 量 反 馈：010-62772015，zhiliang@tup.tsinghua.edu.cn
印 装 者：三河市东方印刷有限公司
经　　销：全国新华书店
开　　本：148mm×210mm　　　**印　　张：**7.125　　**字　　数：**172千字
版　　次：2021 年 11 月第 1 版　　**印　　次：**2024 年 5 月第 7 次印刷
定　　价：59.00元

产品编号：086103-01

自序

　　算起来，我从事危机管理、舆情引导和信息发布方面的教育工作已经十多年了，这本书是把我在课堂上讲授、在读书中得到、在实践中感悟的很多思考，和大家做一次沟通与交流。

　　新媒体时代，舆论压力空前强大。我给很多政府部门、企业、学校、医院等机构的管理干部上过课，和一些人也成了朋友。我知道，他们当中的很多人，善良、正派、古道热肠、明事理，他们当中的多数人也都做到了虽不能兼济天下，起码也能独善其身。可他们有时在危机处置和舆论引导方面的工作确实让人不太满意。为什么？

　　新闻是明天的历史，历史是昨天的新闻。2008 年三聚氰胺事件发生的时候，我在做记者。那时我们新闻媒体火力全开，打垮了三鹿，当时真是觉得自己"铁肩担道义"，新闻真的可以改变世界。可是后来我慢慢发现，三鹿倒下了，问题奶粉完全消失了吗？没有，因为这个环境还没有完全改变，反倒是三鹿那几千名普通职工的饭碗被砸掉了，也就是说，善的花结出了恶的果。所以后来我就想，如果三鹿在这场危机中，能够懂得并做到：及时而不是拖延，诚实而不是撒谎，透明而不是掩盖，负责而不是推诿，三鹿这个品牌或许可以留下，几千名职工的饭碗或许能够保住。故而后来我就开始在高校、政府、企业、医院等各种场合讲授舆论引导和危机应对的课程，我从一个学传播、做传播的人开始讲传播，以一个新闻记者的视角，反复地用中国的、外国的、过去的、当下的各种各样的成功与失败的案例，告诉这些管理者，面对危机和突发事件，面对全媒体时代汹涌的舆情，如何避免舆论危机的发生，一旦发生了，滔滔民意之下，又该怎么做和怎么说，什么是科学的舆论引导、如何发布信息才能有效沟通、怎样疏解民意、怎样安慰人心……

这个职业也给我带来了很高的成就感，我被需要，也受尊重。

我从不喜欢在课堂上为了达到某种效果而没完没了地谩骂。骂大街毕竟不是一种有勇气的表现，鲁迅也说"辱骂和恐吓绝不是战斗"。没有什么比挑毛病更容易的了，关键是挑出毛病以后，要告诉人家应该怎么办，正确的做法是什么。所以我写下的这些文字，尽可能地做到，既有原则也有技巧，既提出问题也有解决方案。我会让自己的写作和表达尽可能客观和理性，就算有批评，也一定会有建设性的处置方法，这是我对自己的学术要求。

网络时代，危机当中，如果无视科学的处置原则与正确的舆论引导，只是一味用掩盖、拖延、删帖、噤声等办法应对，也就意味着我们失去了严肃思考和汲取教训的机会，也将永远走不出一个又一个的舆论陷阱。

关注危机、正视危机的意义，不仅在于战胜危机，还在于反思危机，让悲剧永不再来。

人到了我这个年纪，更愿意从点滴开始，做一点真正有用的事情，进一寸有进一寸的欢喜，就像罗大佑的歌曲唱的，"每天进步一点点"。我也知道，我写下的这些文字未必就能给环境带来多大的改变。但我总是想，无论在课堂上，还是在文章里，我说一遍，改变一点，再说一遍，再改变一点。

能改变多少是多少。

总会想起那个著名的寓言，想起那个在沙滩上来回奔走，将退潮后陷在沙坑水洼里的小鱼一条条奋力送回大海的小男孩。旁人说："傻孩子，你救不过来啊，沙滩上这么多小鱼，你能救多少条小鱼呢？"小男孩说："这条算，这条也算，还有这条……"

目录

第一章

新媒体，新舆情

|第一节| **人人都是记者的时代**

大众报道全面崛起，人人都有麦克风，个个都是通讯社。微博、微信更是使网民拥有了现场直播的权利。专业记者的话语权被抢占，大众记者的时代全面到来。

我30多年前在中国传媒大学（原北京广播学院）念书的时候，根本没有想到过，一个叫作"互联网"的东西，在智能手机以及微博、微信等社交类软件的加持下，把我的专业新闻传播学颠覆成今天这个模样。

互联网的出现彻底改变了长久以来的信息传播方式。网络最大的特点是传播广泛，空间开放，互动交流，它使普通百姓真正拥有了话语权，打破了过去由传统媒体和精英阶层对话语权的垄断，在网络上形成了"意见的自由市场"。广播、电视、报纸这种传统媒体是一群人对另一群人的传播，我来说，你来听。而网络媒体是一种过去从来没有出现过的互动传播，是所有人对所有人的传播，从而迅速形成强大的意见声势，能在极短时间内形成舆情，引发行动。

这种互动传播强大到什么程度？

打个比方，你在你的微博、微信朋友圈里发一条信息，被很多人看到，假如其中有 25 个人转发了你的信息；然后这条信息又被他的微博、微信朋友圈里的很多人看到了，其中又有 25 个人转发了这条信息，如此 7 次以后，最终有多少人能看到你发的信息呢？

$$25×25×25×25×25×25×25=6\ 103\ 515\ 625$$

61 亿人。

61 亿人是什么概念？几乎相当于全世界的总人口。

这就是 2020 年新冠肺炎疫情期间，武汉市中心医院李文亮医生去世当晚那如潮水般的舆情。每一个人都是独自待在家中，却为了同一件事而如此紧密地联系在一起。

这个时代的新闻传播已经从过去的"我说你听"变成了"大家一起说"。

网络带来了什么？

按照原北京市人民政府新闻办公室主任、北京冬奥申委新闻宣传部部长王惠女士的说法：互联网改变了传播方式，丰富了信息内容，方便了工作生活，缩短了人际距离，这同时也意味着，在网络时代，能够引导舆论的不再是过去的权威者，而是谁发出了信息，谁就是舆论的引导者。

网络早已成为热点新闻的独立源头。在传统媒体缺席或反应相对迟缓的情况下，网络成为舆论的引爆点和主要传播平台，进而成为整个舆论场的重心，有的时候甚至成为唯一的传播渠道。社交媒体的天底下，手机也已不再是一个传递个人信息的工具，而日益成为一个大众信息传播的公共平台。过去的每一起负面事件都是由于新闻记者的发现、调查、采访、发表，最后大白于天下，但是如今，甚至可以说对于绝大部分的舆情热点，爆料人就是普通的网友，他们是无处不在的大众记者。

其实，对于社会热点事件的曝光，新媒体早在 2009 年就已经首次超过传统媒体，当下更是成为舆论热点报道的绝对中坚力量。所以坊间才有"路透社干不过'路边社'"的说法。

如今，在已经发生的事实面前，你如果想通过封堵等办法告诉别人那件事没发生过，太难了，反而容易让自己跌入更深的舆论陷阱。

而这一监督力量，自 2016 年起就开始表现得更加强健。

在作为样本的 360 起社会热点舆情中，超过 2/3 的热点舆情发酵于自媒体。其中，微信平台占比 23.5%，微博占比 29.5%；手机客户端占比 7.0%，论坛、博客等社交媒体平台占 13.1%。

——新华网网络舆情监测分析中心，《2016 年度社会热点事件网络舆情报告》

当代中国的新闻舆情已经不光是媒体的事，而正在演变为现实的政治和公共管理。提高危机应对和舆论引导的能力，成为政府各级领导干部和企业经营管理者的迫切任务。

应对危机、引导舆论的能力和社会治理、创造财富的能力同等重要。

快速发展的媒体正在大幅改变我们的生存环境，对于政府和企业等今天以及未来的成功，媒体拥有否决的权力。公号探讨、微博转发、朋友圈点赞，从快手、抖音到知乎、B站（即 bilibili），一条条新闻不断冲上热搜，引发更多人的关注，也推动了管理部门的积极介入。

舆论监督，一派气象万千。

|第二节| 有些媒体更像公司

现实中，有些媒体已经不再跟着事实走，而是受制于民众的情绪和广告商的金钱。一些媒体做的不是真相引导而是情绪引导，对于它们来说有时商业追逐甚至大过社会责任。

媒体是什么？

答案很多，有的答案听起来还让30多年前初学新闻、迈入新闻殿堂的我心潮澎湃：无冕之王、瞭望的灯塔、道义、责任、良心……激扬文字，指点江山，让高层知晓江湖事，也让民间参与庙堂言。

但是现实告诉我，当下，有些新闻媒体更像一家公司。

主要原因在于新闻媒体的高度市场化。

有些媒体追求的利益是什么？

表面上看，当今有些媒体追求的利益，更多应该属于追求轰动效应。对于这种轰动效应，网站叫"点击率"，报纸叫"发行量"，电视叫"收视率"，自媒体叫"流量"。而只有当你的点击率、收视率、发行量、流量上去了以后，才有人在你这家媒体上**投广告**。从某种意义上讲，这些媒体已经成为以营利为主要目的的企业。

坦率地讲，有些媒体就是公司，记者、编辑不过相当于公司里的员工，而新闻不过是媒体这条流水线上每天生产出来的产品。这个产品生产出来以后是供我们大家来消费的。我们每天其实都在消费新闻。

那么，什么样的新闻最容易带来轰动效应，进而能够吸引来广告商呢？

或者说，什么样的新闻人们才爱看？

国外媒体有句著名的话："狗咬人不是新闻，人咬狗才是新闻。"不用说，那当然就是负面的、灾难的、曝光的、闻所未闻的……这类新闻容易引起人们的关心。

在有些新闻媒体上，每天数百万辆汽车安全行驶不是新闻，出了车祸才是新闻。

这才是媒体利润的来源点。

悲剧的感染力远大于喜剧，负面新闻的传播力远大于正面。

而这些丑闻、灾难，它们最容易发生在谁身上呢？

那当然就是我们的政府、企业、学校、医院、司法等这些和百姓生活联系最紧密的公共服务部门和公权部门。

让一名优秀党员的形象深入人心需要极其高昂的传播成本，但是使一名贪官闻名全国可能只需要一夜的时间。

所以，无论是追求经济增长的地方政府也好，还是追求利润最大化的企业也好，与新闻媒体虽然在追求盈利的目的上是一致的，但是在追求这个目的的途径上产生了冲突。

当然也决不能否认媒体承担的舆论监督的天赋职能。

更要命的是，这种追逐经济利益的新闻报道中更容易裹挟进强烈的民众情绪。

当危机发生以后，作为公众利益代言人的一些新闻媒体，无论出于为民请命的社会责任，还是出于追求利润的经济驱动，它们都会选择站在网友或者说老百姓的这一面，而站在政府和企业这类组织的对立面。

这是一个理由。

第二个理由，当政府与公众、企业与消费者、医院与患者等产生矛盾与冲突的时候，这个矛盾、纠纷、冲突、对立在媒体、网友眼中，就构成了一个非常好看的**故事**。

对于任何媒体来说，好故事永远都是稀缺资源。

10岁小学生是否因为受到一次批评而选择轻生？高考生如何被人顶替？一个贫困县为了形象工程怎么花掉的400亿元？知名乳企有没有挟持乳品标准？一本垃圾书如何做到让当地媒体为其站台背书还卖到断货……这里面可以挖掘出多少直抵人心、惊心动魄的故事啊！

当然，现在记者的指代范围很广，每一名网友，每一个拿手机的人，都可以是一个新闻记者。

那么，什么样的故事好看进而最容易引人关注？

往往是两种：一种让人喜出望外；一种让人义愤填膺。

然而，根据心理学的研究，我们都知道，让人喜出望外是非常难以做到的，但是你挑动他们不断地生气，这个要容易得多。

那进一步讲，什么样的故事最容易激发起公众心中那种愤怒的情绪？

比方说，大灰狼和小红帽的故事。小红帽弱，大灰狼强，最后小红帽打败大灰狼，这个故事好看。如果故事一开始，大灰狼上来就把小红帽吃了，这故事没法讲了。

《三国演义》里面那么多战役，可为什么赤壁之战最有名？孙权、刘备是弱的，曹操是强的，弱战胜了强，这个故事好看。

这样看来，是不是那种具有力量强弱对比悬殊的故事才容易引发关注？

2019年，一辆保时捷汽车和一辆奇瑞汽车撞在一起，就引出了重庆"帽子姐"的事件。如果一辆夏利和一辆奇瑞撞在一起，你会感兴趣吗？

那么在网友的心目中，孰强孰弱？

每当与公众、消费者、患者等产生矛盾与冲突的时候，发生危机的时候，陷入舆论战的时候，政府也好，企业也好，医院也好，作为掌握着权力、掌握着资源、掌握着技术、掌握着信息、掌握着规则制定、掌握着解释权的一方，当然会被看作是强势的一方。

那在这种力量强弱对比悬殊的好看故事里，大家有没有发现始终存在一个共同的规律？

就是那个强势的一方会天然地被认定为一个"坏人"。

没错吧？

其实，新闻媒体和具体某一个政府单位、企业、学校、医院等并没有仇，只不过是在一个力量强弱对比悬殊的好看故事里，强势一方被舆论强行按在了那把"坏人"的椅子上。

对不起，请你入座。

就这么简单。

古罗马有位执政官叫塔西佗，他认为在个人或组织缺失公信力的前提下，说真话说假话一样会受到质疑，干好事干坏事大家都会认为你干坏事。可以说，一些地方政府、企业等机构在很多网友的心目中，陷入一种有错推定乃至有罪推定的"塔西佗陷阱"。

人们的感觉就是事实，只要大家都认为你做了坏事，那么你究竟做没做坏事已经不重要了。

激发愤怒的情绪往往是一些媒体获得公众注意力最简单的方法。清华大学新闻与传播学院李希光教授说："很多媒体已经不再靠事实来引导公众，而是靠心理来煽动公众；媒体忠于的不再是真相，而是公众的情绪。"也就是说，一些媒体在报道新闻的时候，未必是理性、对称、平衡地报道，而是从市场上多数人的心理预期出发，满足公众的偏见而不是削弱公众的偏见，更不要说某些充满火药味，整天像"打了鸡血"的自媒体。

愤怒新闻学、尖叫新闻学大行其道。为了追求收视率、点击率、发行量，为了带来流量，为了吸引广告商，个别媒体可以迎合一部分人的趣味和情绪，甚至通过触碰社会的道德底线和公序良俗来得到滚滚财富，各类选秀征婚节目中的道德出位就是例子。在利益的渗透下，商业炒作、网络推手、网络打手等不断出现，娱乐化和庸俗化也日益盛行，尤其是网络媒体。网络一方面成为社情民意的晴雨表，同时也与网民狂欢、"审丑"现象结伴而行，调侃、恶搞现象严重。炒作改变命运，直播带来新生，个别涉嫌低俗色情、暴食恶搞、未成年人表演、低龄婚姻等亚文化甚至反文化内容也时有出现，"炫内裤"式的网红文化大行其道。李希光教授认为，当收视率、发行量、点击率成为一切的时候，你能指望这类媒体提供多少客观、公正和具有真正人文情怀、没有功利色彩的东西呢？

在李希光、孙静惟写作的《发言人教程》一书中，讲述了这样一则关于美国作家马克·吐温的故事。

1870年，马克·吐温来到纽约，见到了《纽约太阳报》的总编辑达达先生。马克·吐温向他请教办报成功的经验。

达达总编辑说："报纸要想成功，每天必须发表一篇轰动、煽情的新闻，如果没有就编一条。要大力诋毁广大读者讨厌的人，要大力歌颂广大读者喜爱的人，为他们树碑立传。永远要赞扬群众喜闻乐见的人和事，除非你确保可以通过诋毁的手段在报纸上把这个人搞臭；要永远歌颂那些有钱人，如果得罪了有钱人，那你的报纸也就完了。"

这时，一个达达手下的记者忽然闯进来，气喘吁吁地说："现在满城都在风传马克·吐温死了，是否可以作为明天报纸的头条？"

"我还没死呢，我正在和你们的总编辑聊天。"马克·吐温说。

不料达达先生忽然跳起来对马克·吐温说："你不死，是你自己不想死，但是没有人不让你去死。你的死亡消息明天必须见报，因为我要对我的读者负责。我们的报纸需要贴近读者的需求，发表读者希望看到的新闻。"

然后，达达总编辑掏出纸和笔，"现在由我来采访你，马克·吐温先生，请问你在生前都干过哪些见不得人的事情？"

| 第三节 | 无序与非理性

网络上因为各种热点事件而爆发的民意虽然是民意，但有时候却未必总是真实、客观、准确和理性的民意，那也有可能是一种非理性的民意，甚至是一种对国家和社会发展极其有害的伪民意。

无奈的是，这种无序与非理性的力量可能正在变得越来越大。

改革开放走过了40多年的风雨道路，时至今日，我们的精神和认知理当更加自信、强健、文明和开朗。可惜的是，在媒体舆论监督能力不断跃升的同时，舆论场的一些声音却并不让人放心和乐观。

长久以来，由于缺乏法律规范以及个体素质和认知水平参差不齐等因素，舆情不可避免地带有一定的主观性、片面性和随意性。

而当上网表达意见的门槛降至极低以后，带来的并不全是各阶层意见的交融探讨以及对于国家进步最大公约数的达成，而经常是强烈的对立和隔阂。

2020年的新冠肺炎疫情，不仅影响了民生，封闭了城市，更是造成了意识上的空前撕裂。因为对一件事的看法不同，朋友圈的争吵常常发生。

更有一些人，或手持手机，或埋首键盘，在网上与他人一言不合，张嘴开骂，只要你和我的观点不一致，你就是我的敌人。而网络的匿名性使网民成为姓名、性别、年龄、外貌、收入、职务、职业等都无可查考的"幽灵"，这种主体的隐蔽性让个别网民自顾自地发泄私愤。由于是匿名，这些发泄往往是没有风险的。

> 在互联网上，没人知道你是一条狗。
>
> ——《纽约客》杂志

"On the Internet, nobody knows you're a dog."

这既带来言论更加自由，也让网民对自己言论的风险责任降至最低。网络的虚拟性导致人与人之间互相得罪的人情成本大大降低，所须承担的后果也微乎其微，彼此间的忌惮就大大减少，本性中的戾气暴露无遗。一个人前规规矩矩的普通人，掏出手机就可以和网上素不相识的人破口大骂，而这样的人聚合成的群体更是容易形成"多数人的暴政"。法国社会心理学家古斯塔夫·勒庞在他的名著《乌合之众》中说："个人一旦成为群体的一员，他的所作所为就不会再承担责任，这时每个人都会暴露出自己不受约束的一面。群体追求和相信的从来不是什么真相和理性，而是盲从、残忍、偏执和狂热，只知道简单而极端的感情。"

虽然有些绝对，但并非完全没有道理。

早在 2016 年，中国社科院发表的《2016 年网络舆情生态研究报告》就指出，"19 ～ 27 岁的青年已经成为热点舆情事件中最主要的发声群体，占比约 40%；18 岁及以下的低龄群体发声比重超过 37 岁及以上群体，以'00 后'为主的未成年人群已经成为'80 后''90 后'以外的第三大舆论场发声群体。"

而在 2020 年 4 月 28 日中国互联网络信息中心（CNNIC）发布的第 45 个《中国互联网络发展状况统计报告》中，我们可以寻觅到更加明晰的答案。

截至 2020 年 3 月，中国网民规模达 9.04 亿。人员构成方面，网民群体中，学生最多，占比为 26.9%；其次是个体户、自由职业者，占比为 22.4%；无业 / 下岗 / 失业人员占比 8.8%，企业管理人员和一般员工占比共计 10.9%。

收入方面，月收入在 1000 元以下的网民群体占比为 20.8%（不含无收入群体）；月收入在 1001 ～ 2000 元的网民群体占比

11.2%；月收入在 2001～5000 元的网民群体合计占比为 33.4%；而月收入在 5000 元以上的网民群体占比为 27.6%。也就是说，月收入在 5000 元以下的网民占总人数的 72.4%，约 6.5 亿人。

　　更何况还有几亿不能上网的人，他们的收入之低，可想而知。

网民个人月收入结构

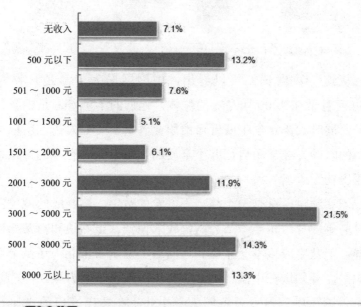

来源：CNNIC 中国互联网络发展状况统计调查　　　　　　2020-3

　　从学历上看，截至 2020 年 3 月，学历在小学及以下的网民群体占比 17.2%；初中、高中/中专/技校学历的网民群体占比分别为 41.1% 和 22.2%，即超过八成的网民为高中/中专以下学历，而受过大学专科及以上教育的网民群体仅占网民总人口的 19.5%。

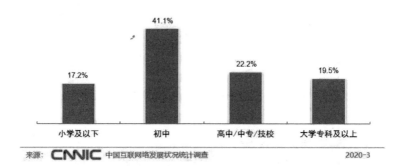

网民学历结构

来源：CNNIC 中国互联网络发展状况统计调查　　　　　　2020-3

从这一数据我们可以看出，中国网民大多都是月收入不足5000元甚至在2000元左右的群体，他们的学历普遍是中学及以下水平，同时大都是学生或者自由职业者甚至无业人员，所以可以有充裕的时间，经常用自己并不丰厚的知识素养、有限的见识和偏执的逻辑在线"怼"人。

坦率地讲，这是一个相当不好看的数字，逾八成的网民没有接受过高等教育，相当一部分网民收入偏低。虽然说和日常感受有些差异，但数字应该不会撒谎。当网络上贩卖着考北大还是上清华的焦虑时，要知道在中国，大学本科生的数量依然有限。

美国大学理事会就各国大学毕业生在各国人口的占比在全球16个国家进行过一次调查。结果显示，俄罗斯是54%；加拿大是48.3%；日本是41%；美国是40.3%；中国是18%。

所以有人得出结论：你就看到今天的微博、微信，某种程度上可能真的已经被一帮低学历、低收入的网民把控了。你永远都不会知道网络那一边和你争得面红耳赤的人，是一个十几岁的涉世未深的中学生，还是一个没读过多少书，却执拗得令人心痛的可怜人。

当疫情后的武汉终于开城，一些在这场灾难中痛失家人的武汉人终于可以去殡仪馆接回自己的亲人，几张人们在殡仪馆排队领取亲人骨灰的照片也在社交媒体上被人们转发、悼念。

可是就连这样一些完全没有任何隐喻，只能引起人们同情的照片，也招来了网上一些人莫名的反对和质疑。

武汉人民这两个月的经历是外人无法体会的，武汉是英雄的城市，武汉人民是英雄的人民，一点没说错

天天自走棋: 武汉为啥就英雄了？全国救助武汉的才是英雄吧？谁死得多谁是英雄？

丹青3388: 天天自走棋，能说人话吗？武汉不封城，全国大爆发不可避免。武汉人民确实做出了很大的牺牲，你不在武汉，你不身处湖北，你能体会那种无力感吗？都是宅，但宅的心情能一样吗？战斗在一线的是英雄，但响应政府号召宅在家的武汉人民也是！武汉的情况比新闻上的更惨烈，你没资格在这发言！

共60条回复 >

武汉是英雄的城市，武汉人民是英雄的人民，武汉人为这场灾难承受了难以想象的巨大牺牲，付出了惨痛的代价，但在一些人的脑子里，竟然会冒出"谁死得多谁就是英雄？"这样的奇谈怪论。这都哪儿跟哪儿啊！

2019年法国巴黎圣母院发生大火，人类的文化遗产受到毁坏，每一个文明人都会感到痛心和难过，很多当地市民和游客甚至在现场跪地流泪祈祷。但是在万里之外的中国互联网上，个别人却欢欣鼓舞，纷纷表示"终于报了当年八国联军火烧圆明园的一箭之仇"。尽管他们也搞不清楚甚至根本就懒得搞清楚八国联军和真正火烧圆明园的凶手英法联军的区别。更不要提当西方国家疫情严峻，死亡

人数骤增时，个别中国网友的幸灾乐祸，"天道好轮回，苍天饶过谁""西方终于遭报应了"等极端观点弥漫网络。好像只要是外国倒霉，他就高兴。

当看到这些言论大量占据社交媒体，外资、外企、外国人还会觉得来中国投资、在中国生活是安全的吗？

而且这种无序与非理性更开始慢慢地从线上转到线下，从虚拟转到现实。

新冠肺炎疫情爆发初期，双黄连一夜之间售尽，和双黄连八竿子打不着的双黄莲蓉月饼也被抢购一空，甚至连鸡吃的双黄连也被疯抢。

一旦有人做出了某种行为，整个人群就会模仿和跟进，甚至担心自己没有抓住机会。这种非理性群体过激反应的"羊群效应"在2020年新冠肺炎期间尽显无疑，沈阳的某家粥店在门店外居然挂出了祝贺别国疫情的横幅。

当这条横幅在微博热搜上出现后，跳出来力挺的居然大有人在："呵呵，没事，他们也歧视华人""我觉得没错啊，哪里丢人了？"

不忘战争历史，为的是要永远反对战争，是为了在这块土地上不再出现这样的悲剧，让国家永不遭受这样的外侮，而不是为了永远记住仇恨。今天承受疫情的日本人和当年侵华的日本人早已不是一批人，他们没来中国干坏事。人家历史上烂，难道我们今天就一定要比人家过去还烂？

古斯塔夫·勒庞在《乌合之众》中说："单独一个人必须要为他的行为承担责任——法律上或者道德上。但是，群体则不然，群体不需要承担任何责任，群体就是责任，群体就是道德，群体就是法律，群体的行为自然是合理的。"

不单是在社会议题方面，哪怕是在娱乐领域，很多时候也完全容不下异见者。某些明星的粉丝对于他们心目中所谓侮辱了偶像的人的疯狂举报可以说是轰轰烈烈，所谓"我不同意你的观点，但老子誓死捍卫举报封杀你账号，并保留'人肉'你全家的权利"，甚至都形成了这样一种不合逻辑的思维：

> 粉丝：就算你与全世界为敌，我也会站在你这边。
> 偶像：我为什么要与全世界为敌？
> 粉丝：我帮你。

互联网在赋予人们前所未有的话语权之后，却也日益滋生出一种令人担忧的非理性情绪，群体中已存在的倾向性通过社交媒体的相互作用而得到加强，使一种观点朝着更极端的方向发展，有时候进一步发展为人身攻击，甚至威胁社会的正常秩序。

加强网络舆论引导，包括通过法治抑制非理性和极端言论已势在必行。

|第四节| 流量的生意

个别营销号文章并非是信息的忠实呈现和理性探讨，而是怀有强烈的商业变现欲望，用一种畸形的价值观，迎合和消费着某种自大、癫狂、反智的不健康情绪，从而成就一笔又一笔的流量生意。

自媒体给了每一个人表达的机会，但是对于个别营销号来说，新闻的生产纯粹就是一门生意。公众情绪是生产资料，互联网是生产工具，"无风三尺浪，一切为流量"。新闻转换为关注，关注转换为"吸粉"，"吸粉"转换为刷屏，刷屏转换为金钱。

2019 年 1 月，在网络世界拥有巨大影响力的公众号——咪蒙，旗下的一篇涉嫌造假的文章《一个出身寒门的状元之死》，证明了当下互联网经济的逻辑之一，就是站队、迎合、煽动情绪，流量高于一切，"吸粉"乃是正道，赚钱才是目的。至于有多少真实性，后果如何，是否会用力过猛，是否会带来更大的仇视、撕裂和敌意，是否对社会有害……在流量盛宴的狂欢之下，不一定有人在意。

2020 年 5 月被平台查封的知名公众号"至道学宫"，更是通过对事实进行肆意夸大，自造谣言，吸睛引流，从而带来了巨量粉丝。

根据西瓜数据的统计，"至道学宫"的活跃粉丝数达到 1800 万，这在自媒体公号领域是极为惊人的数字，已经相当于一个大型城市的人口总量。而通过流量套现一项，"至道学宫"就获得了惊人的收益。例如，仅靠《对新世界体系的预言与展望》这一篇文章，它便获得了 71 648 元的打赏收入。

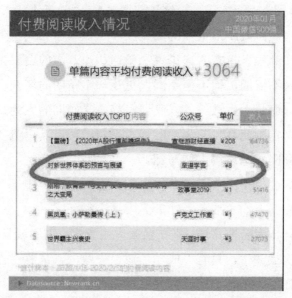

"至道学宫"在付费阅读收入榜排名靠前（图片来自新京报网）

营销号"至道学宫"生财有道，以庞大的粉丝量为依托，一方面大笔赚取打赏和广告收益；一方面进行各种线上和线下的商业变现，例如建立微信号矩阵、打造知识付费产品，公众号里的魔幻内容也被出版成书《世界是红的》，且销量不错，在当当网上有19 000 多条购买评论。另外，它还有文化艺术交流策划、影视策划、代发广告以及教育软件研发、健康养生管理咨询等诸多业务，结合着公众号上的造谣、诓骗、忽悠和贩卖仇恨，把流量变现的商业模式玩得风生水起。

所谓哪里有需求，哪里就有市场。网络中的假消息、偏见以及仇恨正在这种模式下变得越来越泛滥。"至道学宫"的主笔白云先生显然深谙此道。这个"反智制造机"迎合着部分读者的口味，文章越猎奇，阅读量就越高，粉丝量涨得越猛，"学英语让人变傻""中国人是命中注定要统治世界的'龙族'"……白云先生坐收一波又一波的"智商税"。有人评论说：精通胡说八道的白云先生自己的智商是绝对不低的，他不但不蠢，更是一个精明的坏人。他从来不是做内容，而是做生意——以底层民粹主义倾向的人为目标消费群体，推出"定制商品"。为了赚钱，平白造谣，满口谎言，煽动仇恨，把部分网友忽悠得人仰马翻。

如果缺少战争，"至道学宫"们就会树一个"靶子"或者"假想敌"，号召人们去战斗，然后无限这个循环。

自媒体作者告非写道："在白云先生看来，世界就只有'战斗'和'下一次战斗'，只有'成功'或'失败'，只有'你踩我'或者'我踩你'，于是，他的世界非黑即白。规则、道义、底线、理想，这种闪闪发光的名词全部都是不存在的，世界只有'你死我活之争''不共戴天之仇'。所以，什么坏事都是外国人捣的鬼。他不喜欢人们自在地生活，也不喜欢人们去体验那些'美好却无用'的事情，他不喜欢人们拥有独立思考，他也不喜欢人们有正常的七情六欲。他希望人们只有紧绷和更紧绷，人存在于世界上的意义只有'功用'而没有'乐趣'，他希望人们不假思索地盲动，希望人们只有'恨'这一种情感。见鬼去吧！我永远不能认可这种观念。"

"至道学宫"可能将我们的世界导向一个更加极端、暴戾、无知、不容异见的方向。

这是真正的不可饶恕。

不单是"至道学宫"如此，这也成为网络自媒体行业的常见现象。这种写作方式，就像生意场上，销售员根据客户的需求，揣摩客户心思，进行精准推销。网络平台也借助算法，根据用户的喜好，推荐大量内容相似、符合用户口味的文章，以获得更高的流量和更丰厚的收入。

为了吸引眼球，抓住粉丝，这类营销号无所不用其极，不光内容造假，标题更是耸人听闻。有人总结了一个不算规律的规律，自媒体文章的标题中如果有以下文字，内容则基本不可信，可以选择无视，直接删除一般不会有错，如："你是中国人就转""赶紧告诉家人""原来几十年都吃错了""中央震惊""央视已播报""央台紧急""事态严重了""国人愤怒了""某某看完就哭了""紧急宣布：90%的人不知道""出大事了""快看，马上要删""中国终于出手"……

事实就是事实，努力煽动情绪吸引关注的行为本身，往往意味着这些自媒体心里装的是流量的变现，而对理性和客观并不在意。2020年5月19日，一篇爆款文章《保时捷停首都机场6年，真相让人泪目》讲述了一个催泪的故事：首都机场的停车场里停着两辆豪车，一辆是保时捷，另一辆是雷克萨斯，6年了一直没有人来开走，车身布满灰尘，而车的主人正是6年前马航MH370的失踪乘客。随后多个大号转发了这篇文章，也迅速获得了"10万+"的阅读量，无数读者为之唏嘘，纷纷打赏。但很快就有人发现，该文章为虚假信息，原文随即被删除，但是打赏的钱早已落入造假者的腰包。

配合读者的期待，玩弄人间的道德感和同情心，这是真正的下作！

监管的缺失、违法成本的低廉、部分民众缺乏基本常识，正是这类营销号有恃无恐的底气。

报纸越来越厚，网站越来越多，拿着遥控器从头到尾跑一遍电视频道都要累个半死，手机里无数的公众号随时在推送……在这个人们几乎每天被信息埋没的时代，我们是否真的越来越了解事实的真相呢？

| 第五节 |　网络暴力与信息茧房

在传统媒体时代，反智的声音一般是一种边缘化的存在；在社交媒体时代，反智的声音却开始有了市场。

有的时候，无知比博学更容易让人产生自信。

古斯塔夫·勒庞在《乌合之众》中说："个人一旦融入群体，他的个性便会被湮没，群体的思想便会占据绝对的统治地位，而与此同时，群体的行为也会表现出排斥异议、极端化、情绪化及低智商化等特点，进而对社会产生破坏性的影响。"

今天的网络空间看似花团锦簇，但仔细观察，在一部分人的网络世界里，常常分享着高度同质化的信息，重复着相同的抱怨，流行着一样的谩骂，却往往缺少冷静的思考、理性的对话和智性的探寻，有些人甚至连完整阅读一篇文章的耐心都没有，看到标题，扫一眼，只要满足情绪，就开骂，然后随手转发到聊天群里。在同一种观点的叠加和震荡中，他们相互证明自己是对的。

甚至有些人在宣泄完了情绪以后才来问："怎么回事？"

如今的网络世界，最不缺的是立场和情绪，最缺的是不同观点之间的共处和对话的能力。

自媒体作者、诗人牛皮明明写道："如果把我们的国家比作一个人，他从民国到21世纪初，走过了艰难的一程又一程，到了最近一二十年的时间，他突然陷入了对思考的倦怠……"

网络"暴民"普遍趾高气扬，可惜词汇量有限，蛮横而又气短，一连串的脏话总让人想起金庸《鹿鼎记》里的一段：

洪朝率领五百士卒，向罗刹降兵学了些骂人的言语，在城下大声叫骂。只可惜罗刹人鄙陋无文，骂人的词句有限，众兵叫骂声虽响，含义却殊平庸，翻来覆去也不过几句"你是臭猪""你吃粪便"之类，哪及我中华上国骂辞的多姿多彩，变化无穷？韦小宝听了一会，甚感无聊。

我看网络上的骂战表演，也时与韦都统有同感。

不知从什么时候起，有些人开始让情绪代替了思考，让开骂成为对话的选择。

当下，我们正处于一个由短视频、直播和碎片化阅读组成的"快餐文化"时代。当年，当电视取代了印刷出版物和严肃阅读，成为美国的流行文化时，尼尔·波兹曼就在《娱乐至死》一书中发出了这样的警示：快餐文化会导致"儿童的成人化"，让儿童过早地知道性、金钱、权力等成人世界的秘密；快餐文化也会造成"成人的儿童化"，使他们陷入非理性的话语中，无法进一步取得智识上的进步，停留在对世界偏激、粗暴的理解中。这就导致本来生活在两个世界中的成人和儿童竟慢慢变成了一个样子。于是，我们看到了网络大战中，十几岁的孩子熟练地使用着成人世界中的话语和手段攻击、谩骂、举报；我们也看到五六十岁的成人像孩子一样，被裹挟在反智谎言的旋涡中，丧失了基本的判断力。这就导致了在社交媒体时代，每个人看似都在抢着说话，然而最容易引发关注的内容无外乎两种——少之又少的真知灼见和危言耸听、哗众取宠的低劣内容。

如果前者稀缺，则后者一定泛滥。

于是，转发最多、传播最广的，一定是满足激烈情绪却真假不明的信息。从最早的"不转不是中国人"到后来的"震惊！××再次打破美国封锁！"再到美国大选期间的"美国内战一触即发"等，狗皮膏药一样地霸满屏幕。

作家王小波所憧憬的"理智时代"似乎并没有因为"沉默的大多数"开始变得不沉默，如期而至。

这种现象的形成，除了部分网民认知的局限、逻辑的不足、对自身现状的不满外，眼下依据计算机算法的信息推送方式也起到了推波助澜的作用。

信息偏好和意见倾向性在"定制"服务的作用下不断得到强化，精准推送也导致个体成为信息的孤岛，接触不到相异的内容和观点，人们得到的只是他们感兴趣和认可的内容，而对于他们不感兴趣的，尽管关系重大却被选择视而不见，过去信息由媒体精英过滤后再传播的方式已难成主流。

基于算法的网络新闻平台没有"总编辑"，只挑选个体愿意看到的信息进行推送，你喜欢什么就给你什么，哪怕是谎言和谬误也无所谓。而无论多么极端的声音，在社交媒体无限散沙化的空间里都能找到属于自己的回音壁。其结果是，人们每天貌似都在接受新信息，其实不过是在一种信息里自我循环。人们只能反复接触他倾向于接纳的信息，几乎看不到不同角度的与之相左的观点，不停地在自己的天地里画地为牢，虽然生活在同一片蓝天下，实际上处于不同的"平行世界"。

长期关注互联网的自媒体作者冠东认为："你以为平台算法在为你服务，为你认真挑选信息，送来便利，而实际上平台与算法也在决定着你该看见什么、你应该看见什么以及你能看见什么。"这意味着他们通过算法推送的内容看见的只是一个残缺不全的世界，这种算法关闭了至少一半的真实，从而导致有些人没有勇气也没有智力去面对一个现实的世界，自做一"茧"，"茧"内就是自己的帝国。

这是一个资讯超载的时代，人们却越来越活在信息的孤岛中。

对于有些网民来说，互联网丰富了他们，互联网也禁锢了他们。

由于长期处在接受高度雷同信息的环境里，这些网民极少接触到不同的观点，一贯的认知几乎被他们当作绝对真理。这一方面导致他们认为自己绝对正确；另一方面也导致他们对他人缺少包容，对不同观点的人经常有着对异教徒般的仇恨。他们经常在网上与不同观点的人展开斗争，甚至发展为人身攻击。它是一种思维方式，一种视野高度，一种人格特征，很多人即使年纪一大把，仍然无法抹去这种精神胎记。

这种"信息茧房"形成的幻觉让他们仇视一切意见不同的人。他们对虚幻的概念无比热爱，对身边具体的个人却冷漠自私。

因此，所谓有没有价值、内涵，不是创作者说了算，也不是读者说了算，而是由平台后面那个程序以及和你素不相识的算法工程师决定。这样真的好吗？

而当这种信息茧房一旦形成，人们的行为方式和思考能力就被技术绑架了，结果是价值观撕裂到难以弥合。

长期被这种廉价和单向的新闻投送和"喂养"，可能会有什么后果？

| 第六节 |　老记者去哪儿了

媒体越来越发达，但是对新闻记者的素质要求却在不断降低。以最少的成本获得最大的收益是商业不变的信条，而新闻记者的人力成本在一些媒体当中是最不值钱的因素。

大家如果出国或者收看国外的电视节目，有没有发现国外有相当多的新闻记者白发苍苍依然工作在新闻采访一线。但是中国新闻记者普遍都太年轻了，看起来二三十岁的样子。

有人问中国记者为什么这么年轻？老记者去哪儿了？

有人说老记者当领导了。

其实，既然媒体是企业，和任何一类企业一样，普通员工成为企业管理者的比例都是非常低的，百分之一都不到。那么老记者去哪儿了？

我认为这个现象应该与中国媒体行业的环境和用人制度有一定的关系。记者这个群体，每天需要到处跑。一个新闻记者到了一定的年纪，比如说40多岁，渐渐地他就跑得慢了，但是目前媒体行业的环境和用人制度对这个年龄以上的老记者，相对缺乏一个很好的激励和保护机制，某种程度上导致新闻业也吃起了"青春饭"，老记者就会慢慢失去希望，开始淡出新闻采访一线，比如去做幕后新闻策划，因为没那么辛苦；去拉广告赚钱；还有人走入各类新兴企业，等等。没有人愿意在看不到希望、工资不高、升职无望、缺乏保障的情况下，每天为日益增高的工作量和广告任务、收视率指标而忙碌。

但是我们也知道，一个人从他 40 多岁开始，他的经验、阅历、眼光、判断力、把握能力、思想深度、看世界的方法，正开始走上一个人一辈子最顶峰的时候。那么你说，一个 40 多岁的记者写出的报道和一个 20 多岁的记者写出的报道，究竟谁的报道能够做到更客观、更理性、更平衡？当然是 40 多岁的记者。但是在这种现实条件下，很多记者却不得不在他们职业生涯最黄金、最顶峰的时候，选择淡出新闻采访的一线。

这也是一个巨大的人才浪费。所以有人说在中国干新闻这一行，最重要的不是有智慧，而是身体好。

这就导致了不少记者对新闻事业缺少热诚，对自己所属的这家媒体也缺乏归属感。很多记者怕生病，更害怕年老。很多网友探讨央视"名嘴"的出走，今天这个主持人离职了，明天那个主持人离职了。其实，电视节目主持人已经是整个广电从业者中最大的受益者。他们都选择了离开，那么可以想象，基层普通采编人员的流失率有多么严重。所以你就看到，出现在各个重要场合的记者、编辑们都相当年轻。

有调查显示，中国主流门户网站的新闻编辑平均年龄为 25 岁。我也曾经跟一些年轻的网站编辑探讨过，我说你们日常编辑新闻，甚至把一些新闻推到首页上去，你们选择新闻的标准是什么？

这些年轻人的答案让我非常震惊，他们说："好玩。"

这条新闻好玩，我就把它顶上去。

此外，在采编人员年轻化的背景下，很多刚刚入行的年轻记者急于在行业中立足。而一位年轻记者能够在新闻这个行业里立足，最简单、最省事、最快捷的办法莫过于迅速拉倒一头大象。蚂蚁绊倒大象，出名的肯定是蚂蚁，不会是大象。所以，他们就希望通过报道一些负面的爆炸性新闻确立起个人在行业中的地位。于是发生过这样一件事：一位年轻的记者拿着一瓶冰红茶，冒充尿液送到医院检验科，得出的结果是阳性，回到单位写下一篇报道，叫《茶水也发炎》。

除了新闻从业者的年轻化，记者的生存条件也日益困难。如今的新闻记者，很多没有基本工资，没有医疗保障，没有意外保险，没有法定假期。一些记者生存的唯一渠道就是卖掉自己的稿件或者片子来获得稿酬，否则他们就不能交房租、还房贷、养孩子、孝顺父母。而想让自己的稿件被采用，新闻就必须抓住人的眼球，丑闻越大，名人追得越勤，被采用的次数越多；篇幅越长，报酬就越多。这就导致公众看到的新闻越来越离奇，越来越不靠谱。

记者在"铁肩担道义"的同时，有时候连自己的权益都无法保障。一些媒体招聘记者编辑的主要条件就是：身体好，能吃苦，起得了早，贪得了黑，熬得了夜。工作没有稳定性，更谈不上什么职业规划，晋升的岗位就那么几个，大多数记者也基本看不到升职的机会，甚至家庭生活往往也大受影响。

更糟心的是，在一轮又一轮媒体的用工潮下，这个行业日益变得鱼龙混杂。记者的来源五花八门：科班毕业的人、文艺青年、理想主义者、炒股兼职采访的股民（觉得干新闻这行有内幕消息）、追星族，等等。这也导致少数不良记者因为人事关系松散、权益难以保障而怀有强烈的短期寻租目的，利用职务之便敲诈金钱。

美国记者、英特尔公司媒体顾问马克·麦希斯在他的《媒体公关 12 法则》一书中写道："当你成为新闻记者时，人们会以不同的目光看待你，你的名片上已经有了特殊的记号，越是在大的媒体机构工作的记者越是如此，似乎自己已经变得与众不同，你成为伪精英的一员——就好像是一个可以自由出入富豪大厦的穷侄子，虽然不是富豪俱乐部的成员，但是大家都敬畏你富有、喜怒无常的叔叔。而且，你所在的新闻机构越大，就好像你的'叔叔'越富有、越暴躁。在这样的世界里生活一段时间之后，你难免会被这奇怪的环境扭曲自己的想法。"

可问题是，记者虽然常常和政治、文化和财富精英集团打交道，却从来不是他们当中的一员，这种归属感的错位和断裂让很多记者心态扭曲，让他们对这些天天面对的阶层既亲切又仇恨。

同时，在脸蛋儿也是生产力的时代，美女主持、帅哥记者受到追捧，当一些媒体开始把这个作为自身定位和卖点的时候，新闻报道的无聊和浅薄就更加可想而知。

清华大学新闻与传播学院李希光教授说："可能只有在新闻界才有这种奇怪的现象，激烈的市场竞争所带来的，不是新闻质量的提高，而是新闻质量的下降。媒体渴望用最小的成本获得最大的利润，而这种利润动力最终伤害了道德水准，导致了新闻报道的无趣和低俗。"

| 第七节 |　新闻常反转

当以前没有话语权的普通民众开始铺天盖地地涌向各大网络平台和社交媒体，各种新闻舆情先出现然后再反转也就不足为怪了。

互联网不仅是好奇者的吸铁石，也是轻信者的落水坑。

中国舆论监督的力度和广度相比过去有了飞跃式的进步。但是这种信息传播和舆论监督在自媒体大行其道以后，有时候也常常被滥用。

大量未经把关的各种信息——无时间、无地点、无人物、无过程、无原因、无动机而只有情绪的新闻在网络上泛滥成灾，即便明显缺失新闻要素也有不少人选择相信它们。绝大多数人没有受过新闻写作专业的训练，也缺乏基本的科学素养与人文常识，信息辨识能力有限，所以网上各种信息，无论真假，只要有人写，就有人看；只要有人看，就有人转；只要有人转，就有人信；只要有人信，肯定有人生气。

所以我认为，无论是政府干部还是企业管理者，学识、阅历、修养、才能、判断力是在绝大多数网友之上的，我们要接受舆论的监督，但是不要被舆论绑架。

时常出现的各种新闻反转就是明证。

2018年3月，网上出现一条声讨一所中学食堂的微博。微博配图触目惊心：反复冷冻的"僵尸肉"、发霉的蔬菜、会褪色的紫米……家长们无比愤慨，痛心追问。当时绝大多数网友只看了几句话，甚至只扫了一眼标题，就义愤填膺，连按转发，要狠狠曝光这所无良学校。

但是，在监管部门的调查介入下，事情有了让所有人都意想不到的反转。原来，整起事件是和校方有矛盾的学生家长为激起民愤、扩大影响而专门造的谣，用还未融化的冰假扮霉菌，用咖喱粉充当给鸡块染色的"硫黄"……

2020年7月，江苏南京一名大学生偷外卖被警方拘留。很快，网传他出身农村，家境贫寒，两个姐姐一个弟弟全部辍学供他一人读书……这引来网友无限同情，纷纷慨叹阶层固化，南京警方甚至接到无数电话，表示愿意为大学生付清外卖钱，希望对他从轻发落。然而过了一天，新闻就反转了，这名大学生仅仅是因为一次他点的外卖被偷走就开始蓄意报复他人，且连偷了十几次。他有固定工作和固定收入，自己租房住，正准备考研，两个姐姐在大城市工作，网传的家境贫寒也根本不存在……

每一年的热点新闻里，如果不出现几次这样的"神反转"，似乎这一年都过得不完整。

面对一条热点新闻，特别是那种听起来特别出格的、不可思议的、违反常识的、不合逻辑的新闻时，别急着站队，别想都不想就开骂，让子弹多飞一会儿，没坏处。

只是，网友们普遍缺乏这样的耐心，先痛快痛快嘴，然后再来问：怎么回事？

在流量为王，充斥着情绪的时代，谁等得起呢？

不幸的是，当这类没有事实而只有情绪的言论现身互联网时，常常没有被排斥，反而受到了大量的认可和传播。2020 年新冠肺炎疫情期间，一系列名为"失控了"的谣言横空出世：日本疫情已经失控了、韩国疫情已经失控了、美国疫情已经失控了、瑞士疫情已经失控了、法国疫情已经失控了、东南亚疫情已经失控了……类似的还有"华商太难了"系列。语言空洞，危言耸听，只有结论，没有证据。内容一样，文字一样，格式一样，只是换一个国家名字而已，如出一辙的"阴谋论"味道。

疫情之下的喀麦隆：店铺关门歇业，华人有
家难回，喀麦隆华商太难了！！

在喀麦隆，我也"躺枪"被隔离了。"2月
26日，在喀麦隆做超市生意的中国商…
掌上喀麦隆 2020-2-27

疫情之下的厄瓜多尔：店铺关门歇业，华人
有家难回，厄瓜多尔华商太难了！！

在厄瓜多尔，我也"躺枪"被隔离了。"2月
26日，在厄瓜多尔做餐饮生意的中国…
厄瓜多尔华人在… 2020-2-27

疫情之下的阿根廷：店铺关门歇业，华人有
家难回，阿根廷华商太难了！！

在阿根廷，我也"躺枪"被隔离了。"2月
25日，在阿根廷开超市的中国商人华…
阿根廷微同城 2020-2-25

疫情之下的匈牙利：店铺关门歇业，华人有
家难回，匈牙利华商太难了！！

在匈牙利，我也"躺枪"被隔离了。"2月
26日，在匈牙利做百货生意的中国商…
匈牙利便民信息… 2020-2-27

疫情之下的莫桑比克：店铺关门歇业，华人
有家难回，莫桑比克华商太难了！！

在莫桑比克，我也"躺枪"被隔离了。"2月
26日，在莫桑比克做超市生意的中国…
莫桑比克网络微… 2020-2-27

经调查，新闻反转，原来这些公众号的账号主体隶属于福建省福清市的三家公司，这三家公司旗下的公众号多达 50 个，实际控制人是一个叫薛育明的人，他后来承认是自己一手策划的这些"新闻"，目的是提高阅读量和涨粉。如果说一些爆款文章只是把虚假消息和真实信息糅在一起，编造出一个可读性很强的故事，用以贩卖焦虑、挑动情绪，手法还算"高级"，那么后来的"世界失控""华商太难"就太低级了，就是为了收割流量，进而变现，即便新闻造假也在所不惜。不要说无视逻辑，不要说不讲常识，连基本的事实都不顾。

被平台封号的"至道学宫"更是这方面的典型。

2020 年 4 月，网上出现了不少关于"哈萨克斯坦渴望回归中国"的自媒体消息，这类信息很快引发了哈萨克斯坦外交部的不满，哈萨克斯坦外交部希望中方采取必要措施消除影响。

事实上，底层网民在任何国家都占人口大多数，只不过由于技术进步，信息的流通大部分早已经从传统媒体转移到互联网。今天的互联网更不是早年知识精英才能玩的游戏，而是门槛和成本几乎为零的操作工具。人们不光抖音、快手玩得溜转，更是能够随时激扬文字，指点江山。

最要命的是，在流量为王的时代背景下，某些网民仗着"人众"的优势，正在"驯化"正常人。

这才是真正的问题所在。

更加让人沮丧的是，这是全球的现象。

美国国际关系问题专家托马斯·尼科尔斯在 2017 年出版的《专家之死：反智主义的盛行及其影响》一书中写道："这是个危险的时代。人们有最便捷的渠道获取大量知识，却有那么多人抗拒学习任何知识，这是前所未有的……基础知识匮乏的普通民众越来越多。不仅如此，他们还拒绝学习如何进行逻辑论证。"托马斯·尼科尔斯指出，反智已经成为一种浪潮，很多人甚至以无知为荣。作者在书中举了这样一个例子：2014 年，《华盛顿邮报》做过一项民调，问题是"2014 年，俄罗斯与乌克兰冲突，美国是否应该军事介入？"，结果，只有 1/6 的美国人能在地图上指出乌克兰的位置。不过，认知不足并不妨碍他们勇敢地表达自己的观点，他们对军事介入乌克兰这件事依旧很有热情。换句话说，越是认为乌克兰在拉丁美洲或者大洋洲的人，越是坚决主张美国应该发动军事干预——虽然我不知道乌克兰在哪儿，也不想知道，但是打就对了。作者认为，无知的人往往更难认识到自己的问题。这就是书中提到的"达克效应"：越愚蠢的人，越是会高估自己。更可悲的是，即使别人给出其他证据，他们也不会接受自己错了，反而会更加坚持原先的判断。就像以造谣和反智闻名的公众号"至道学宫"被平台封掉后，还是有很多粉丝苦苦追随它，坚信"邪不压正"，封号是因为被人"抹黑"。

拿破仑曾说"一支记者的笔等于两千支毛瑟枪"，而网络则不亚于一支庞大的帝国军团，公众的情绪加上网络的智能化，足以形成中国互联网的壮丽景观。互联网一方面保障了公众的知情权、参与权、表达权和监督权，让贪官发抖，让丑行曝光；另一方面，现代社会事务经常有很高的专业门槛，需要长期的专业训练和深入研判，如司法案件、医疗事故、国际经贸、大国关系问题等，并非普通人根据身边常识和朴素情感就能做出精准的判断，而他们也很难理解这个复杂的世界，又没有耐心去学习，却总是有一种自信，认为自己就是对的。而当经济增长减缓，贫富差距扩大，底层百姓无力或无望改变某些不合理的社会现实时，往往诉诸激进的幻想和行动，这就为民粹的流行和反智的泛滥提供了支撑。

| 第八节 | 为什么我们总是在同一个地方跌倒

如果悲剧仅仅止于感动、泪水和廉价的赞美，那意味着我们并没有吸取教训，有可能也意味着类似的故事会以同样的剧本再一次上演。

2020年新冠肺炎疫情伊始，很多媒体留下了在武汉采访屡受阻挠的记录。

据《中国新闻周刊》报道，多家医院的医生回忆说，疫情刚开始的时候，武汉市的策略都是"冷处理"，不允许私自在公众平台谈论病情，不仅是临床系统，医院感染管理科、疾控中心的消息管控更严格。同时，很多记者在武汉市各家医院采访期间也遇到了重重阻力。

很多媒体记者表示：希望相关部门、单位把更多的精力用于信息公开和危机的处理，而不是与新闻媒体角力。

这次疫情，从发现第一例患者，到专业医生警示却始终未引起足够的重视；从"没有人传人"，到"未明确人传人"，到"有限人传人"，到"肯定人传人"；从禁止医护人员戴口罩以免引起市民恐慌，到大批武汉人因为恐慌涌向医院，从而挤爆医院；从信息发布不及时到谣言漫天……能犯的错误几乎都犯了一遍。

2020年新冠肺炎疫情早期，湖北省一些官员在新闻发布会上通篇不敢脱稿，对媒体质询视而不见或答非所问，连一些将心比心共情的话，感同身受安慰的话都不会说，这到底又是为什么呢？

可以理解这些官员身负重压，如履薄冰，但不讲策略技巧，不做必要准备，近乎无语般的坦然沉默，实在是令人夷匪所思。

长久以来，我们的社会治理、企业经营等诸多方面常常更多地注重于管理能力、技术水平的提升，却缺乏正确的危机处置、媒体沟通、信息发布、舆论引导以及公众形象管理的能力，危机时刻也总是害怕出错，认定家丑不可外扬，担心造成社会恐慌，也迷信谣言会不攻自破……在此基础上形成媒体产能过剩与官方信息供给不足，我们的很多社会机构一次次落入舆论陷阱也就在所难免。

现在早已是全媒体时代，而一些地方的舆情思维和管理能力却依然停留在十几年前。那是一个手机不智能，靠网络论坛交流，公关删帖依然管用的时代。

今天舆情危机的症结在于，一些地方仍然习惯性地以一种传统、垂直的方式去治理这个早已经被互联网彻底扁平化了的社会。

笔者研究舆情和危机很多年，发现一个规律，就是大多数舆情危机事件在它们刚开始出现的时候，往往都是比较小，乃至非常微小的。如果懂得科学的危机处理原则和舆论引导方法，常常可以很好或者比较好地将它们化解。但一方面我们缺乏这种科学的危机处理原则，让我们总是一次又一次地看到拖延而不是及时，撒谎而不是诚实，掩盖而不是透明，推诿而不是负责……另一方面，就算出来面对媒体发布信息、回应舆情，很多人也普遍缺乏沟通和发言的艺术。

当然，不善于传播自身正面形象、缺乏危机应急预案、不会正确处理负面报道、新闻发布机制不健全、没有合格的新闻发言人等也常常是这些部门、单位的老问题。

其实，在国家走向文明、富裕、开放的进程中，我们的政府、企业、学校、医院等都付出了艰辛的努力，取得了巨大的成绩，但是我们却总是不能将其用符合传播规律的方式让更多的人知晓，也不善于用媒体的语言、百姓的视角、舆情的规律去解答和回应，任由这种撕裂不断地加深和膨胀。这是我们传播中的一个巨大短板。危机中，舆论场里官方话语的自上而下和民间话语的自下而上，常常出现谈同一个问题，得出的结论却截然相反，这也导致官方与民间两个舆论场并存，彼此出现分裂甚至对立。

当然，政府、企业为解决危机想了很多的办法，也做出了切实的努力甚至为此承受了巨大的压力，但是这些付出往往被忽略掉了。这其中有舆论的压力、媒体的热炒、受众的局限，难道就没有自身的问题？

一场灾难就是一本教科书，所有的人都是学生。

美国著名政治和传媒研究学者乔姆斯基教授提出了一个学术判断：我们今天看到的事实都是"媒介化的事实"。媒体报道过的事情，没有发生也相当于发生了；而媒体没有报道过的事情，即使你做得再好，也没有人知道，没有人关心。他说："所有媒体都是抱有偏见的，我们看到的都是媒体加工以后的事实。"

在这个媒介化事实的时代，公众是通过媒体来理解世界、认知危机的，在信息不足、引导失误、应对无序的情况下，有时候甚至会放大危机本身。

既然如此，我们为什么不主动跳出舆论陷阱，遵循传播规律，按照科学的原则，向媒体和公众敞开我们的大门呢？

按照原全国政协新闻发言人赵启正的说法："与媒体沟通，为人民服务。"

对于危机事件，对于负面新闻，对于舆论陷阱，既然无法消灭它们，那就想办法和它们共存，并最终化解它们。而共存与化解的前提是，尊重传播规律，科学应对舆情。

一起起不同的危机事件，发生的原因常常是一模一样。过去了就过去了，又怎能不在同一个地方跌倒？

我们究竟要建立一个什么样的规则体系，才能够避免在同一条沟里再次摔得头破血流呢？

君子不立危墙之下，趋利避害是人之常情。每一个社会都在追求繁荣富裕、长治久安之道，真的不希望总是陷入"秦人不暇自哀，而后人哀之；后人哀之而不鉴之，亦使后人而复哀后人也"的循环之中。

危机难以避免，如何应对，却可以选择。

第二章

危机处理的基本原则

| 第一节 |　以维护声誉和形象为中心

不同的结果，来自不同的观念。

而不同的观念，肯定会导致不同的结果。

一、危机 = 危险 + 机会

"遇到危机的时候，你无法改变事实，但是却可以改变公众对你的看法。"

说这句话的是一个美国人，名叫爱德华·伯奈斯，有人将他誉为现代公关之父。的确，现代公共关系学一些理念、框架、方法，是这位叫伯奈斯的美国人提出来的。

按照这位在当时美国被称为"影响民意的人"的解释，危机爆发以后，覆水难收，你不可能让时间倒流，一切回到原点，重来一次。谁也没有办法改变危机已经发生，给我们带来巨大危险这个事实。

但是你却可以改变公众对你的看法。

那么，什么叫危机处理？什么叫舆论引导？

所谓危机处理，所谓舆论引导，只不过是在危机事件已经发生、不能改变的情况下，我们如何去改变媒体、当事人、普通民众对我们看法的艺术。

这又说明了什么？说明在危机爆发的同时，也同样给我们带来改变公众对于我们看法的机会。

其实，"危机"这个词，不管根据的是中文还是英文的名词解释，我们都可以得出同样的结论。

> "危机"是指有可能变坏或者变好的关键时刻。
>
> ——《韦氏英文字典》
>
> 祸兮，福之所倚；福兮，祸之所伏。
>
> ——《道德经》

坦率地讲，何为危机？

危机 = 危险 + 机会。

危险到了，机会也到了。

常有人说，危险到来的时候，我怎么看不到机会？我就看到市民爆料、记者上门、网友谩骂，搞得我们焦头烂额。

其实，在笔者看来，当我们面临舆论监督、媒体曝光、网友爆料时，是不是也同样给我们带来这样一些机会？比方说：万众瞩目的机会；新闻记者主动上门的机会；不花一分钱的公关费、广告费、宣传费就能得到媒体免费、主动、大规模报道的机会；如果我们很好地处理了这起突发事件，这也给了我们一个向公众展示我们是一家优秀企业／部门的机会。退一万步讲，就算责任真的在我们身上，那是不是也给了我们一个向当事人、媒体、普通民众说明情况、真诚道歉的机会……这些对我们来说都是机会。说一句最实在的话，近些年来，每当出现重大危机、负面新闻、突发舆情、聚集事件乃至群体事件而又能使其平安化解的人，你发现这位主管干部很快就被提拔了。

就看他面对危机怎么样来处理、把握、拿捏，就看他能不能够利用科学的原则和方法来化解危机甚至化"危"为"机"。

疾病使人痛苦，但是在医学专家的眼里，很多疾病不完全是敌人，也是有效的提醒，因为它告诉你，你的身体出现了问题。如果你重视它，然后改正，那它自然就会离开。

2020 年的新冠肺炎疫情也是社会最好的检测盒，它告诉我们哪里存在缺陷和不足，只要我们改变它，完善自我，下一次就会做得更好。

二、形象至高无上

做好危机处理、舆论引导工作的终极目的是什么？

那就是在危机中，我们无论付出多么大的代价，无论作出什么样的努力，都是为了维护我们自身良好的声誉和形象。

以维护声誉和形象为中心，是我们整个危机处理、舆论引导工作原则中的原则、重点中的重点。

这一点没必要多作什么解释，如果不是为了在危机事件、负面新闻里维护好政府、企业、医院、学校等良好的声誉和形象，那么危机处理的具体操作手段和解决方案，也就没有存在的意义了。

对于一个几百万、上千万人口的城市来说，市政府也许在百姓的经济、民生方面做了很多的工作，付出了巨大的努力，但是一位普通市民个体引发的危机事件如果没有被处置得当，可能会让市政府长久以来的努力都付之东流。某种程度上，舆情危机事件是政府的"监测台"，在全媒体时代，它对于政府的工作拥有"一票否决权"。

对于一家企业来说，将一个品牌建立起来非常艰难，可能需要十年、二十年、三十年、五十年，甚至一百年的时间。而品牌因为危机而受损却是一瞬间的事情——三鹿、长生、权健等都是如此。

一切的危机处理，都是为了维护良好的声誉和形象。

危机总会过去，形象、声誉、品牌与公信力还在不在，就很难说了。

没有一个政府机构、企业、学校、医院能够避免撞上危机的冰山，能做到的只是别被击沉。

所以，既然危机已经发生了，有损声誉和形象的事决不能再做；实际利益与声誉形象发生冲突时，应该也只能舍弃实际利益；处理危机事件的方法要光明正大，而不是隐瞒信息、拖延时间、公关删稿、强行噤声、推脱责任、不解决问题而是先去解决发现问题的人……

犯了错误，就承认；出现误会，就澄清；错误的不推诿，正确的不退让。

每一起突发事件、网络舆情爆发以后，我们都应该把它上升到声誉、形象、品牌乃至命运前途的高度，认真处理和面对它，千万不能掉以轻心。

曾有人做过一个形象的比喻：有一条船，船舱突然出现故障开始进水，水虽然暂时不多，但还在持续增加。在这个危急时刻，终极目标是什么？是保障船只的安全和全船人的生命。一种船长，会旁若无人地命令继续开船，如果有人胆敢叫嚷船在进水，就捂住他的嘴巴，或者干脆把他扔下船去。另一种船长，会在没有做好任何准备的情况下大呼小叫，结果大家争相逃到船尾去抢救生艇，本来不至于沉没的船因为一下子失去平衡，竟然翻了。而真正睿智的船长会向大家如实通报真实情况，并将船分成几个区域，每区的乘客各出一人编成一组，老弱妇孺优先，一组一组撤离，维持船的平衡，留下的精壮力量利用赢得的空间和时间排查故障，努力修补，最后堵上漏洞，继续劈波斩浪。

2009 年 11 月 3 日，5 个半月大的孩子徐宝宝因患眼部蜂窝组织炎在南京市儿童医院住院，住院期间病情恶化，孩子家长晚上几次向值班医生求救，甚至向医护人员下跪，却因医生要睡觉甚至在网上玩"偷菜"游戏而延误了抢救时机，孩子于次日死亡。

江苏省卫生厅和南京市卫生局对此进行了联合调查，认定医院对于孩子的救治措施完全合理，医院方面没有过错。

后来，事件在网上强烈发酵，中央电视台《经济半小时》栏目对此展开报道。

【新闻】中央电视台《经济半小时——徐宝宝死亡事件调查》

记者："这里就是南京市儿童医院，2009 年 11 月 10 日，南京市儿童医院针对患儿死亡事件迅速作出了回应。但是，这个由南京市儿童医院自己做出的调查结果却否认了患儿父母所投诉的医生打游戏和家属下跪等说法。"

根据南京市儿童医院在网上公布的调查报告认定，值班医生当晚没有"偷菜"，而只是写论文，主观上并无过错，只是水平还不够高，对患儿病情估计不足。对于这个调查结果，患儿徐宝宝的父亲徐定金难以接受。

徐定金："他们这个调查报告是什么东西呢？就是上个星期我们双方被叫去问话，我怎么问，他们怎么回答的，他们就把那医生怎么回答的放上去。"

徐定金告诉记者，2009 年 11 月 6 日，院方曾安排他们和涉事医生见面。

记者："他（涉事医生）都怎么回答的？"

徐定金："他的回答是他没有打游戏，他没有发牢骚，他很有耐心地来处理我们家里的事情。我们家宝宝脸肿，他看了一下，大概以为是体位压迫，就没有处理。"

徐定金没有想到就在几天后，南京市儿童医院就将当天涉事医生的回答作为最后的调查结论，更没有想到的是，南京市卫生局在没有做任何调查的前提下，直接引用了南京市儿童医院的这个调查结论。当天，南京市卫生局召开了第一次新闻通气会，通报结果为：第一，医院的责任主要是对患儿病情判断上的失误，对病情的凶险性估计不足；第二，至于说医生上网"偷菜"，调查认为医生不存在玩游戏、发牢骚等情况；第三，患儿家长向医生下跪求助的时间和地点和网上说的不一致。这个结论和南京市儿童医院给出的结论完全一致。

徐定金："他们都没有问过我这个情况，就单方面来召开这个发布会，打个比方就是，儿子打人了，老子问儿子，你打人了没有？儿子说我没打，于是老子就跟被打的人说，我家儿子没打你，你走吧，就这样。"

这个结论一出台，立刻引来舆论哗然。公众普遍不相信调查结果，一些激烈的网友更是痛骂医院和医生无良，甚至要求医生以死谢罪。处置的不善让一起发生在南京一家医院的医疗事故在极短时间里爆发为全网关注的舆情。强大的舆论压力下，南京市卫生局不得不重新启动调查程序。

其实不仅是徐定金无法接受，南京市卫生局给出的这个调查结果，也引发了民众的强烈质疑，事情很快发生了重大转机。

记者："就在第一份调查报告公布的48个小时之后，2009年11月12日，南京市卫生局又公布了一份可谓颠覆式的调查结果，针对社会公众普遍关注的值班医生有没有玩电脑游戏、是否存在失职行为，以及患儿父母是否跪求帮助等问题，这份新的调查报告终于承认，患儿父母投诉基本属实。"

南京市卫生局局长陈天明："值班医生值班期间，曾玩过两盘围棋游戏，违反了医院的相关工作制度。"

调查组认定，管床医师没有对患儿及时请求会诊，值班医生对眼部蜂窝组织炎引起的严重并发症没有足够的认识，没有发现应当发现的病情变化，采取应有的措施，存在失职行为。而调查组通过摄像头画面，发现了患儿母亲三次下跪的镜头。在发布会上，南京市卫生局也通报了对此次事件的处理结果：当事医生被吊销医师执照，行政开除；南京市儿童医院党委书记、管床医生、眼鼻喉科主管医生等相应责任人一并受到处分。

相隔仅仅48个小时，为什么会出现两个迥异的调查结果？在第二次新闻发布会上，这个问题也曾多次被追问。

南京市卫生局纪委书记丁海洋："市儿童医院调查工作粗糙，调查手段简单，轻信当事人的证言；市卫生局对儿童医院经过调查形成的这个报告的审核，也不够严格。"

南京市儿童医院面对这起危机事件，首先的反应和动作是掩盖、否认，认为经过这样一波操作，这个事很快就过去了。但正是因为掩盖、否认，院方没有把它上升到声誉、形象、品牌乃至命运前途的高度来认真处理和面对，那么最后造成的结果是什么呢？

来看一下南京市儿童医院徐宝宝死亡事件的处理结果。

（1）院长方如平：行政记大过、党内严重警告。

（2）党委书记金福年：党内严重警告。

（3）值班医生毛晓珺：吊销医师执照、行政开除。

（4）管床医生冯晓津、陈娟：行政记大过。

（5）眼科护士周颖、毛婷、徐源媛：行政记过。

（6）眼科主任陈钧、眼科护士长彭明琪：行政记过。

（7）耳鼻喉科值班医生李旭：行政警告。

此外，南京市儿童医院赔偿患儿家属丧葬费、精神抚慰金等共计 51 万元。

损失反倒更大了，至于医院因此遭受的声誉和品牌损失更是难以估量。

尽管孩子死亡牵涉到一些专业问题，医学也不是万能的，但是医院以如此傲慢的方法处理和面对，引起全国舆论完全一边倒的态势，无论有多少专业上的理由，医院也已经百口莫辩了。

引导舆论还是被舆论引导，常常就在一念之间。

肆虐全世界的新冠肺炎，它的病死率不是最高的。就以已经远离我们生活的"非典"为例，2003 年，根据国家卫生部公布的全国传染病疫情，发病数位居前三位的分别是：病毒性肝炎 39 万余例、肺结核 29 万余例、细菌性和阿米巴性痢疾 11 万余例，而"非典"为 5327 例。2003 年的疾病病死率排名：狂犬病 89.91%、艾滋病 24.76%、新生儿破伤风 11.76%，而"非典"的病死率为 6.53%。

突发事件本身不一定是危机，也不是事件越严重就越是危机，而是我们的做法让突发事件演变成了危机。

| 第二节 | "态度 + 行动"是舆论引导的两个 基本点

舆论不能靠硬的力量来约束，而是靠软的力量来引导。

舆论回应和事件处理二者不可偏废，缺一不可。大部分突发事件的网上舆情引导之所以成功，在于线下的问题得到了切实解决。

一、以维护公众利益为基本点

第一个基本点：危机处理中，要以维护公众的利益作为基本点。

很多政府、企业等单位部门出了危机事件以后，第一个反应常常是：怎样维护自身的利益？怎样减少自身损失？

这种想法正常吗？

太正常了，说实话换成任何个体都会这么想。

但是观察一起又一起危机事件的最终结局，我们看到一个共同的规律：那些凡是为了维护自身利益而放弃公众利益的政府部门、企业、学校、医院等，到最后这些机构自己的利益怎么样了呢？也没保住。

三鹿、长生、权健等企业被曝光以后，企业想尽办法全力保护自己的利益，最终怎样了呢？

根据中国人民大学的一项相关调查显示，在一起危机事件、一则负面新闻里，新闻媒体和网上舆情普遍认为什么东西才是最重要的呢？

第一位，毫无疑问是事实真相。

排在第二位，仅次于事实真相，得分与事实真相几乎不相上下的，就是公众利益。

危机事件、负面新闻中，当事人利益、公众利益、消费者利益、人民群众利益，在危机里是否得到了捍卫与维护，新闻媒体和网上舆情把这一点看得和事实真相几乎是同样的重要。

这是权利的觉醒，也是人心所向。

危机中，舆论时刻最在乎的，是新冠肺炎疫情中患者的生命、被顶替上大学的考生的命运、房屋被强拆的市民的生活、洪水中普通人的命运……

一句话：以人为本。

在轰动全国的 2015 年 5 月 2 日黑龙江庆安县火车站枪击事件中，警察在车站开枪，打死一名乘客，这名乘客是当地的上访访民徐纯合。在当时铺天盖地的舆情中，媒体也好，网友也好，他们最关心的事情是什么？

第一：事实真相。

火车站现场当时到底发生了什么？警方尽快公开相关完整监控视频。

第二：公众利益。

那个死者徐纯合的权益在当时是否得到保障？警察在车站现场有没有必要开枪？开枪为什么要一枪毙命？

人们最关心这两个方面。

很多干部在危机事件中常常觉得，领导意志很重要。领导意志在相关调查中的重要性得分排在第几位呢？

倒数第一。

所以危机事件里，要把维护公众的利益作为处理危机的第一个基本点。

这个态度必须有。

公众对公共危机事件的期待，除事件本身以外，更多的是要等着看你的态度，也就是看你站在哪一边。

只要坚持公众利益至上，任何媒体都不好说什么。

这里再重复一遍：只要坚持公众利益至上，任何媒体都不好说什么。

当某个单位、部门发生了一起危机事件、负面新闻，那么新闻媒体、网上舆论在炒作完这个坏事以后，假如在后面能够出现这样一段话："某部门某负责人对媒体表示，将坚决维护公众利益，积极调查真相，给公众、媒体和社会一个满意的交代，同时改善相关的管理／流程／工作／服务／执法，争取让类似事件以后不再发生。"

如果出现这样一个针对此事的表态，那么这个坏事，从舆情角度来讲，某种意义上，它听起来就变成了一个什么呢？

好事儿吗？笔者倒也不认为是好事儿。

它听起来，从舆情角度讲，某种意义上就变成了一个既不那么好，也不那么坏的事。

我们首先通过这种态度，努力把负面事件从舆论、公众心理、老百姓对于我们的看法上，争取先把它变成一个中性事件。

既然是中性事件，它就有变坏的可能，也有变好的可能。

二、以切实解决问题为基本点

但是，解决危机事件，跳出舆论陷阱，仅仅有态度就够了吗？

除了态度以外，我们还需要什么呢？

第二个基本点：危机处理中，要以切实解决问题为基本点。

现在好多地方政府和企业等面对负面舆情的态度都非常好："我们非常痛心……""我们工作有失误……""我们管理不到位……"但是事情已经发生，已经摆在这里，面对这起突发事件和网上的汹涌舆情，具体要怎么解决呢？总要拿出一套处理意见、解决办法和应对方案吧。

所以这个时候还要告诉事件当事人和关注此事的媒体、网友，针对这一事件，我们在如何行动。

告诉别人我们已经干了什么，正在干什么，下一步还要干什么。

如果说第一个基本点指的是维护公众利益的基本态度，那么第二个基本点指的就是解决问题的实际行动。

"态度＋行动"是最好的危机处理。

行动，行动，危机唯有靠行动才能化解，光说不练是无法过关的。

物理学有一个著名的"熵增原理"：在孤立的系统内，分子总会从原来集中、有序的排列状态逐渐趋向分散、混乱的无序状态，而从有序向无序的自发过程中，熵总会增加，这就是所谓的"熵增原理"。举个简单的例子，一个收拾整洁的房间，如果你不再去打扫，不再去整理，一定会越来越乱，你必须要有所行动，经常去"洗刷刷"，才能把房间的整洁干净保持下去。物理学家薛定谔认为，只有通过外力的干预，这种"熵增"现象才能被逆转。

新型冠状病毒一开始出现时，如果地方政府能够采取积极动作，迅速行动、公开信息、坦诚面对、担起责任，采取更多"熵减"动作，那后来的局面很可能是另外一副样子。

一方面表示坚决维护公众利益；另一方面马上要跟上后续行动。

多谈措施，比等着被追问"你们要怎么做"明智得多。

不采取行动，病毒只会扩散；不采取行动，危机一定蔓延。

出于职业的原因，笔者每个月都要多次出差，对于飞机航班延误非常头疼。而国内的一些航空公司，包括机场，它们在面对诸如天气变化、流量控制等这类突发事件时，解决方案往往是既无态度，也无行动。

【新闻】中央电视台《焦点访谈——昆明机场大雾引发混乱》

乘客："42 号那个闸口一直没有开过，结果等我们到处问，因为现场很混乱嘛，我们就问别人，别人查了半天说，这班飞机已经在 10 分钟之前起飞了。"

记者："那有没有广播呢？"

乘客："没有，我们也是问，说你为什么没有广播呢？机场说，喇叭坏了。"

没有广播通知，登机口的信息提示牌也一直没有更新，乘客们只好分头找自己的航空公司进行询问。然而和乘客的不知所措相伴的，是航空公司服务工作的缺失。

乘客："一直到 11 点，没有任何人来解释，没有人到现场。11 点以后，来了一个工作人员，他也不处理，什么也不管，就在那儿站着。"

乘客们普遍反映，遇到问题得不到反馈和解决，找不到能够帮助自己的人或机构，这也是困扰他们的大问题。

乘客："天气变坏什么的，我们旅客都能理解，也能承受。一直等到下午 8 点多，在登机口那儿应该有执勤人员，最后连这些执勤人员都没有，我们谁都找不到，最后旅客的情绪慢慢开始被激化了。"

听听这位旅客说的，旅客不是不可以接受天气变化、流量控制等这类突发事件的出现，其实他们也知道，这些都是不可控的。他们不能接受的是，这样的突发事件出现了以后，机场、航空公司方面的无态度和不作为。

我们再来看，一位航空界的业内人士，中国航空学会理事张维，他在乘坐新加坡航空遇到延误时，新加坡航空的具体做法。

【新闻】中央电视台《焦点访谈——昆明机场大雾引发混乱》

中国航空学会理事张维："有一次搭乘新加坡航空，飞机晚点14个小时，航空公司就清清楚楚地告诉你，为什么晚点，飞机因为什么原因备降到另外一个机场，它把所有这些为什么都给你说得很清楚。而且，它也并不说在柜台这儿找一个小姑娘随便应付两句，新加坡航空公司驻场的经理专门站出来，给大家解释。然后在起飞之前，一组飞行员专门站在登机门的门口，拿一个大喇叭来广播，说抱歉，为什么我们今天晚点了，把所有这些重新说了一遍，而所有的这些点全部扣在'我是为了安全地把大家带到目的地'这个原因上。同时，后勤的预案上也做得非常好，首先把所有的乘客安排到附近的酒店休息。那一次坐的是380飞机，旅客是非常多的，一下子为这么多的乘客找到酒店也不是一件很容易的事情，但是新航很快就解决了这个问题，因为之前早有过类似的预案。还有些旅客有签证问题，新航还要去跟边境管制部门说，我这是一个特殊情况，你需要给他一个特殊的许可，等等。或者实在没有办法的话，再跟对方说抱歉，我给你一张券，你可以购买免税品，或者你可以换钱，到休息室休息。最后到达目的地之后，有的乘客可能要去别的地方，帮他们改签，帮他们做延期等。不仅没有与乘客发生冲突，反而让大家知道，原来航空公司这么注重安全，那我的生命交到这家航空公司手里是放心的。这样呢，就使坏事变成了好事。"

试想一下，如果所有的航空公司包括机场，都能够做到像新加坡航空这样，出现了类似突发事件以后既有态度又有行动，那么，会有那么多的乘客去打砸机场的柜台，冲击航班的跑道吗？我不敢说杜绝，但是我相信会减少，一定会减少。

解决问题第一位，舆论引导第二位。

总有人愿意把危机里应对舆情、接受采访的事推给宣传部门，把舆论引导工作看作是宣传部门的事。其实，宣传部门现在正逐渐成为一个与媒体沟通协调的部门。

突发热点事件往往是现实矛盾的反映，要想平息舆论风波，不能靠宣传部门、公关部门去唱独角戏。

解决问题才是硬道理，舆情应对工作不能与解决现实事件脱钩。

不解决问题，看不见行动，宣传部、公关部怎么做舆论引导都没用。

2011年7月4日，中国红十字总会终于开通微博回应"郭美美事件"。仅有的4条微博引来众多网友围观，但每条微博后面的评论几乎都是骂声一片。中国红十字会表示，部分网友情绪偏激，言论不客观、不文明，是对中国红十字会所做的大量卓有成效工作的否定，希望公众能理性看待红会。然而，一切都已经为时已晚。因为人们在这次中国红十字会的危机里，看不到红会坦诚担当的态度和积极整改的行动，有的只是否认，再否认。在未能取得网民信任的背景下，在一无态度、二无行动的前提下，任何急于澄清、推卸责任的说辞，都无异于自掘坟墓。

遗憾的是，在 2020 年新冠肺炎疫情中，湖北红会、武汉慈善总会等机构又跌倒在同一条水沟里。

公众对政府部门、企业单位的信任，不在于开多少会、喊多少口号、在当地官媒上发多少篇新闻、拉多少横幅标语，而在每一次点点滴滴、踏踏实实的行动里。

2020 年 1 月，就在武汉疫情蔓延，全国人民都焦虑得过不好年的时候，杭州又突发了"萧山机场空投事件"。

在浙江省启动重大突发公共卫生事件一级响应的第二天，即 2020 年 1 月 24 日晚，TR188 航班降落在杭州萧山机场。要命的是，335 名乘客中有一个 115 人的武汉旅行团。按照杭州民间的传言，他们原本是要从新加坡直飞武汉的，因为武汉机场关闭，只好改降到杭州。

TR188航班，我和上百名武汉乘客一起从新加坡飞回杭州

1月25日，杭州市"冠状病毒肺炎"防控指挥部发布疫情通报：昨夜（24日）10时许，TR1……

钱江晚报

浙商遍天下，武汉的浙江人也很多，他们回到故乡寻求庇护无可厚非，毕竟是血浓于水。但是，空降一个 115 人的武汉旅行团，在一些杭州人看来，就属于飞来横祸了。当天，各种真假参半的新闻伴随着牢骚和不满，开始蔓延在杭州人的朋友圈里。

眼看着一个巨大的突发事件就要登上热搜，可是到了第二天，舆情却慢慢地平息下去了。

来看杭州有关部门的行动，我把这些行动整理为 11 步。

（1）飞机刚一降落杭州萧山机场，第一时间，防疫人员就给飞机上的每个乘客都发放了口罩和入境人员健康登记表。

（2）航班上的两名发热人员被直接送往萧山区第一人民医院。

（3）其他乘客下飞机后，在专门的工作人员引导下，来到机场设置的隔离区。隔离区的工作由卫生、公安、防疫和海关等多个部门负责。为防止交叉感染，武汉的乘客与其他乘客被分开隔离，防疫工作人员就站在他们中间。

（4）等候期间，工作人员给大家送来了保暖用的毛毯，饼干、泡面、饮料等也一直都在供应，而且量充足，随时自取。

（5）武汉乘客在机场宾馆就地隔离，219 名其他乘客前往市委党校进行集中医学观察。为了安全，都是一个人单独安排一个房间。

（6）到了宾馆，工作人员半夜 12 点送来了毛毯、饼干、泡面和饮料。

（7）次日上午 8 点，工作人员又送来了早餐，有包子、鸡蛋，还有豆浆和稀饭，不仅品种丰富，而且是无限量供应。他们还给每个房间送去了水果。之后的一日三餐都是由政府提供，专人配送。

（8）乘客还收到了防疫相关材料：《新型冠状病毒感染的肺炎健康科普知识》《来杭人员集中医学观察告知书》等，在材料上面，肺炎的注意事项、医学观察的准确时间、相关部门的联系方式等都写得清清楚楚。

（9）为防止病毒扩散，不能用中央空调，晚上 8 点多，有关方面给乘客送来了保暖的衣服，还给每个人发了一个热水袋。

（10）乘客中有 40 多个儿童，党校工作人员联系相关企业，给孩子们送来了 50 个机器人玩具。

（11）杭州卫健委的负责人向在家属等候区焦急等待的亲友们说明情况和进展。

那么这 11 步做下来得到的反响是什么呢？

航班上有一位来自法国的乘客，专门给当地部门发来了信息。

我来自法国，我想在此表达一下我对隔离所所有工作人员的感激和钦佩。你们所做的工作量是巨大的，或许你们事先并不知道要收留 200 多人，但你们的应对能力真的是不可思议。我把这些和我新加坡和欧洲的朋友分享，所有的人都很惊叹。多亏了你们，在这个难熬的境况下能够有一个相对平和的心境。我可以深深感到你们对我们处境的理解，万分感谢你们的努力，你们一定会在鼠年赢得胜利！

无论是乘客、乘客家属、网友，也纷纷说："杭州市政府的工作做得很细致""相信政府有能力处理好"。

在疫情初发的一月份，杭州和武汉就像两个舆情样本城市，一个是干什么都被夸上热搜，另一个却几乎是干什么都被骂上热搜。

能够在突发事态下让数百人的隔离工作波澜不惊、井然有序，这就是杭州市政府展现出来的应对能力。它像一颗定心丸，提醒着杭州市民：我们能在最困难的时刻把危机处理得很好，请大家不要恐慌。

人非圣贤，政府部门和企业可能不完美，谁也没有指望它们永远不出问题，但是要让公众知道，面对危机，我们的态度是什么、我们正在做什么、怎么做的、做到哪一步了、下一步计划怎么做，这很重要。

不是杭州人脾气好，也不是杭州市政府运气好，说实话，杭州市政府所展现出的也算不上什么"神操作"，唯在有态度、有行动而已。

事发以后，很多网友纷纷在网上留言："看完新闻好想做个浙江人""看到夸浙江的我就点赞，别问我为什么，就是这么骄傲！""我们浙江的政府及领导班子从来没有希望通过对比其他政府的表现来凸显自己，做得好是应该的，难道浙江所做的不就是中央倡导的服务型政府吗？"

"态度 + 行动"是最好的危机处理。

危机不可避免，有没有态度，愿不愿行动，就看你的选择。

|第三节|　第一原则：及时原则

危机事件里最可怕的并不是媒体抢发新闻。媒体无论如何都会抢发新闻，网友无论如何都会上网发帖，这不以政府部门、企业等机构的自身意志为转移。最可怕的是，媒体和网友们抢发的不是出自于你的新闻。

这个就足够致命。

一、第一时间发声，第一时间行动

2020 年新冠肺炎疫情已经渐行渐远。

回顾这一事件，我常常想，当病毒刚开始肆虐的时候，如果有关部门发声再早一点，再快一点；如果行动再早一点，再快一点……然而，历史不能假设。

钟南山院士的团队于疫情中发表的一篇文章《基于 SEIR 优化模型和 AI 对公共卫生干预下的中国 COVID-19 暴发趋势预测》，

揭示了行动迟缓的代价有多大：如果早五天进行防控，中国这次疫情的最终感染人数将减少三分之二。

疫情面前，生死时速，湖北处在危机的中心。

令人诧异的是，全国第一个率先启动重大突发公共卫生事件一级响应的地区，并不是湖北，而是浙江。

2020 年 1 月 23 日，浙江省在全国第一个率先启动重大突发公共卫生事件一级响应，广东、湖南两省紧随其后。这个响应甚至比湖北省还早了 1 天，当时全国新冠肺炎患者只有 571 例，浙江全省也只查出 23 例。

而这时候，湖北只启动了二级响应，直到一天之后，湖北才按下了重大突发公共卫生事件一级响应的启动键。

而就在全国各省陆续开启响应之时，浙江省已经逐步完成了抗疫的各项基本准备工作。

抗击新冠肺炎是一场战争。谁都明白，战争里，时间就是胜利，时间就是生命。

浙江走在了湖北前面，浙江的危机意识也远在湖北之上。

疫情开始，出于恐慌心理，杭州市民纷纷上街抢购蔬菜，这既不利于市场稳定，也造成了人群聚集。杭州出名的本地电视栏目《1818黄金眼》立即采访了杭州市余杭区的"菜篮子"基地并在当天节目中播出。

基地负责人面对镜头表示："菜是不缺，就是缺人，每天要运30吨蔬菜，全家老小从大年初一开始就没停过，几倍工资都雇不来人。我们有六百多亩地可以收割，就算每天收割四五万斤，维持两个月都没问题。"

当地农业局领导知道了这个情况后，二话没说，带着局里干部来义务劳动。《1818黄金眼》这么一拍，大家就都明白了：菜管够，吃多久都没问题，用不着抢。

这里面体现的既是危机处理、舆论引导的能力，也是与人民沟通的智慧。

争分夺秒，主动出击，第一时间积极回应和行动。

越是危急时刻，公众越需要最权威的信源。

当一个人只有一只手表时，他可以明确地知道现在是几点；当一个人同时拥有两只手表时，他就开始犯糊涂；而当一个人拥有多只手表时，他肯定就抓狂了。

危机发生后，公共舆论场一片混乱，多种声音同时出现，反而造成人们什么都不相信，也不敢信的事实。

相关负责人必须第一时间站出来发声，让自身的声音成为舆论场的灯塔。

危机时刻，尤其在像疫情这样重大突发的公共安全事件中，官方信息必须跑赢社交媒体，充当起舆论场的黄钟大吕。

2020年新冠肺炎疫情初期，湖北省红十字会和武汉慈善总会接收了众多的善款和物资却迟迟不能快速下发，引发各大医院防护物资全面紧张，医护人员不得不在自媒体向全社会公开求援。面对网络上的滔天质疑，过了一天又一天，两家机构却始终不出来回应。医院上网求助，网友们围观叫骂，记者不断查访，红会默不作声，到最后，连《人民日报》旗下的公众号"侠客岛"都忍不住出来喊话。

而信息披露不及时所导致的信息真空，会积累引爆更大的恐慌和公信力的崩塌。由于初期的回应迟缓而造成的负面影响，湖北红会、武汉慈善总会后来无论再说什么，效果也很有限了。它们已丧失了早期介入、控制舆情的最佳时机。

二、填补信息真空

笔者小时候看过一部科幻小说，叫《小灵通漫游未来》（叶永烈著，少年儿童出版社 1978 年出版），讲一个叫"小灵通"的小记者去未来世界采访。

那本书奠定了我后来做一个新闻记者最早的梦想和初衷。

记者小灵通在未来世界里采访，看到了什么呢？能挂在墙上的电视机、没有电话线的电话、打电话的时候能看到对面和你通话的那个人、没人开却在路上跑的汽车……而这些当年的科学幻想，在过去几十年时间里已经几乎全部实现了，并且成为我们生活的日常。

技术的进步，是任何力量无法阻挡的。

笔者在 30 多年前刚刚迈出北京广播学院（现为中国传媒大学）校门的时候，也根本没有想到，信息技术的进步会给我们的新闻传播带来如此巨大的改变，甚至是颠覆。

报纸时代，一起突发事件发生后，理论上可以拖延 24 个小时，因为是日报；电视时代，一起突发事件发生后，当地电视台记者到达事发现场采访拍摄，回到台里制作播出，最快最快也得要 4 个小时；互联网时代，一位市民对政府管理不满意，对企业服务不满意，对医院的医疗有意见，对孩子的学校有牢骚……气哼哼回到家里上网、发帖，最快 40 分钟；全媒体时代，这需要多长时间呢？ 4 分钟就够了，连写带发 4 分钟就够了。

更何况现在还有网络直播……

技术的进步让我们应对突发事件的反应时间变得越来越短。

2017 年 8 月 8 日 21 时 19 分，四川九寨沟发生 7.0 级地震。从地震发生到第一条信息发出，中间间隔多长时间？ 25 秒钟。这条信息已经不是人写的了，机器人写的，而且这个机器人耗时 25

秒写出的新闻，包含 540 个字，另配 4 张图。2013 年 4 月 20 日四川雅安地震从发生到首条微博发布也仅间隔了 53 秒。

不要说现在一起起突发事件几乎就是事发同时传到网络上，连 2011 年的"7·23 动车追尾"事件，当时是事发 4 分钟，微博消息传出去了，13 分钟后视频传上去了。而当时铁道部首次做出回应、发出声音又是多长时间以后呢？26 个小时以后。坦率地讲，在当时事发 26 个小时后首次出面回应，对于铁道部来说，快不快呢？已经够快了，动车追尾的回应已经是铁道部前所未有的快了，但是依然远远赶不上网络传播的速度。等铁道部事发 26 个小时以后再出来发声，一个充满负面情绪的舆论场已经形成，铁道部再想挽回影响，要付出千百倍的成本与努力。

根据传播学的解释，当一起突发事件刚刚爆发的时候，它会迅速在公众的心中形成一个叫作"信息真空"的空间。而根据常识，我们都知道，这个"信息真空"是不可能长久存在的，周围各种各样的信息一定会想方设法去填补、占据这个"信息真空"。那么，在这个紧急关头，如果不用自己的、正面的、官方的信息去把公众心中这个"信息真空"填满的话，谁就会来填满它呢？谣言、媒体的负面报道、四面八方的小道消息、来自网友的谩骂嘲讽、竞争对手的恶意攻击……就一定会把它填满。

谣言的传播速度是非常快的。有句很有名的话："当谣言已经满街跑的时候，真相才刚刚在穿鞋。"

而且，辟谣的成本非常高，所谓"造谣一张嘴，辟谣跑断腿"。

及时站出来，发出我们的声音，用自己正面、官方的信息去主动把人们心中这个信息真空填满，危机里我们能把它填得越满、越密、越及时，谣言、负面报道、小道消息、恶意揣测、谩骂攻击等就越没有传播的机会与可能，我们处理危机的成本也就越低。

当然，到时候说什么？怎么说？什么先说？什么后说？什么多说？什么少说？什么能说？什么不能说？这个才是有讲究的。

舆论是个大容器，你注入的信息越多，留给公众的想象空间就越少。

危机后要第一时间出来说话，填补信息真空，把信息及时、主动地塞给媒体，减少媒体自由发挥的空间，最大限度地遏止谣言的产生和传播，否则就是把危机处理的主动权，甚至自身命运放手交给了别人。

你不去说，别人就说。

沉默不是金。

三、帮记者发出第一篇消息稿

西方传播学界有一个危机处理的"3T"原则，也就是 Tell the truth（讲事实）、Tell it first（第一个讲）、Tell it fast（快一点讲）。

和人际交往一样，舆情传播中都有"先入为主"的规律。人们在接受信息时，总是愿意相信第一次听说的情况而对后来的说法存有怀疑。"先入为主"的信息也往往会左右人们对事件的看法和判断，形成"首因效应"。危机刚刚发生的时候，公众大脑一片空白，谁先说话，谁就做到了"先发制人""先声夺人"。突发事件发生后如果负责人不及时反应，会导致负面信息和谣言先入为主地进入公众的大脑，事后要改变这些看法往往是非常难的，会因错过最佳时机而收效甚微。

再好的信息，再好的口径，不管它如何天衣无缝、完美无缺，如果失去了时效性，效果等于零。

相关负责人应当利用广播、电视、报纸、网站、微信、微博等传统和新媒体手段，持续不断地滚动发布信息，做到更快、更细、更碎片化，全媒体覆盖。

不求全，只求快，但必须准和实。

其实，国家这方面的政策文件早已有之。

遇重大突发事件、重要社会关切等，政府主要负责人要带头接受媒体采访，表明立场态度，发出权威声音，当好"第一新闻发言人"。

——2016 年 2 月 17 日，中共中央办公厅、国务院办公厅下发《关于全面推进政务公开工作的意见》

对涉及特别重大、重大突发事件的政务舆情要快速反应，最迟要在 5 小时内发布权威信息，在 24 小时内举行新闻发布会。

——2016 年 11 月 15 日，国务院办公厅下发《〈关于全面推进政务公开工作的意见〉实施细则》

自己不发言，新闻就"发炎"。

危机之下，一把空椅子，你不坐别人就坐；一只麦克风，你不抓别人就抓。

全国政协前新闻发言人、中国人民大学新闻学院院长赵启正讲得更是超级实在：

你不主动，就要被动；你不讲故事，别人就会讲故事；你不讲真故事，别人就会讲假故事，最后真假难辨。你本来只是咳嗽，但是你不马上说，人家还以为你得的是肺癌呢！

务必抢占信息发布的先机，增强自身在舆情风暴中的权威性，否则，跌入舆论陷阱是大概率事件。

恐慌情绪之下，权威解释不及时跟上，等着公众自己想象，说得难听点，这是找死。

舆情传播的规律，决定了再困难也要做出一定反应，主动填补信息真空。公众由于从官方的正当渠道了解到真实情况，外界那些歪曲事件的企图已无机可乘。即使事件紧迫，信息有限，还不能给予公众完整、满意的结果，负责人也应将已知和可公开的信息及时进行新闻发布，让记者能够发出第一篇消息稿。比如，负责人可以发布已经确认的消息，同时提醒媒体和公众随时留意新的进展；如果是正在决策，负责人可以告诉媒体决策是如何在运作、预计会拿出怎样的方案；如果检测结果还没有出来，那就告诉大家检测的过程。虽然没有直接回应媒体、公众的疑问，也无法提供完整的信息，但是可以让大家参与到危机处理的过程中。这样就满足了公众对知情权的渴望和新闻媒体的急需，以后再根据事件的进展，持续不断发布最新的消息。而不提供信息只能加重他们的猜疑，让他们觉得自己是局外人。

对媒体来说，虽然负责人提供的信息没有完全满足报道的要求，但记者至少可以发出第一篇消息稿了；而对公众来说，他们会觉得你是真诚、可信的。

2020 年 1 月 27 日，时任武汉市长的周先旺接受记者采访，他谈到了武汉市在疫情初期信息发布不及时的苦衷。

武汉市长：承认前期信息披露不及时

中新网　01-27 16:48

27日，武汉市长周先旺在接受央视专访时表示，这次疫情其实各方面对我们信息的披露是不满意的，我们既有披露的不及时的一面，也有利用有效信息来完善工作不到位的地方。对于披露不及时，希望大家理解，它是传染病，传染病有传染病防治法，要依法披露，作为地方政府，我获得信息之后，授权之后才能披露，这一点在当时不被理解。（郎朗 杨硕 阚枫）

☑ 推送问题反馈

传染病的信息当然应该依法披露。但是，在这样一个紧急情况下，即便没有授权，出于公众生命安全的考虑和政府的自身职责，武汉市能不能把一些可以披露的信息先行发布？比如：我市出现不明原因肺炎感染患者；病毒样本已送相关部门检测；检测结果将及时依法披露；各大医院正在积极救治感染者；出现哪些症状以后应及时前往医院；出于健康安全考虑，在没有查明原因的情况下，提醒市民戴口罩、勤洗手、常通风、少聚集……也是可以的啊！

中国社会科学院法学研究所研究员吕艳滨认为，各地政府的疫情信息公开，关键要有需求导向，作为人民政府，群众需要什么就公开什么。群众有需求，政府有回应，这才是好的政府治理。

根据英国南安普敦大学的研究，如果武汉提前三个星期及时有动作，中国受感染人数就可减少 95%；如果欧美各国不是如此傲慢，早一点积极行动，疫情也就不会如之后那般惨烈蔓延。从初期的无视、低估再到后来的全体沦陷，欧美各国的拖延使全球陷入停摆。

谁在危机面前观望、迟缓，谁自大傲慢，谁就吃亏。

疫情期间，有一则新闻冲上热搜，说武汉红十字会的几名干部被处理了。

越拖延，效果越有限，恢复声誉的成本也越高。而形象与公信力的崩塌更不是一则简单的道歉或者处理决定就能够迅速挽回的，常常要付出千百倍的努力。

如果我们丧失了先机，再想引导舆论和重塑形象，将会付出高昂的代价。

"江苏民营医院护士援鄂归来无人问津""山东援鄂中医却以'非法行医'被处罚"，驰援武汉的医务人员返回不久，这两则消息就广受舆论关注。乍一看，两则消息有着太多的共通之处：都贴着"援鄂医护人员"的标签，打着"鸣不平"的旗号。

两地官方没有拖延，更没有遮掩，从志愿者团队到当地卫健局再到市委宣传部，层层发声，不仅没有含糊其辞，还按照事情发生的时间脉络给出了一份详尽的情况说明，完整还原了事件全貌。江苏援鄂护士贾晓月不仅有补贴和荣誉证书，归乡时更受到当地政府的迎接，武汉青山区政府还划出一片杏林，作为援鄂护士贾晓月所在的志愿者队伍赴武汉抗疫的永久纪念；有关部门为山东援鄂中医孙桂杰颁发了"志愿服务关爱行动志愿者纪念证书"以及相关荣誉证书。但是他在 2018 年因非法行医被处罚，一直没有履行导致现在被强制执行，并非因"援鄂中医志愿服务"被处罚。

仅仅一天，事情便水落石出、真相大白，所有的谣言和质疑顿时显得苍白无力。

四、就算什么也不知道，依然有很多话是可以说的

其实，笔者懂得很多政府官员和企业管理者在危机发生后的第

一时间犹疑、观望的心态：面对突发事件，这个事到底是什么原因造成的，总要让我们做一个调查吧。调查结论、检验报告、具体数据、有关结果等很可能三天五天，甚至十天半个月出不来。可是一两天的时间内，你们新闻记者就上门了，网上都要吵翻天了，那在这个严峻情况下，我们说不说话？回不回应？

我们自己还什么都没搞清楚呢？让我们说什么？

一旦要是说错了，造成更坏影响，上级万一追究下来，谁负责？

是啊，什么都不知道，说什么呢？

很多人的脑子里这个时候自然而然跳出那无比熟悉的四个字：正在调查。

看一句白岩松讲的话吧：

没有人会觉得当你站在这里的时候，你可以把所有的问题都能回答掉，记者需要的只是你真诚面对他的态度，而不一定是答案。

作为一个从业多年的新闻记者，笔者想非常坦诚地告诉大家，当一起突发事件刚刚爆发的时候，这个时候其实我们新闻记者此刻心里非常清楚：你不知道。

2019年10月10日，江苏无锡312国道高架桥垮塌，全国各路媒体记者飞赴无锡，找到当地负责领导，举起话筒向他提问。可在事发第一时间，大桥到底是因为什么原因垮塌的、怎么垮塌的，领导并不知情，这一点新闻记者心里清楚吗？他当然清楚，领导又不是设计大桥的。但是记者为什么第一时间依然蜂拥着赶赴现场，向当地主官提出各种各样的问题，为什么？

因为这个时候他们需要的并不是答案，而是态度。

他们需要的只是当地政府真诚面对的态度而已。

公众第一时间需要的，也是当地政府真诚面对的态度而已。

我们只要在第一时间拿出真诚面对的态度就可以，然后再紧跟上我们救治伤者、调查真相、追究责任、解决问题、积极整改的实际行动。

前面讲过，"态度＋行动"是最好的危机处理方式。

可以没有结论，但是一定要有态度。

面对危机，面对舆情，我们没有结论，就说行动；没有行动，就说态度。

在情况还不清楚时，在事发原因、调查报告、有关数据、相关结论等都还没有出来的前提下，让我们的声音出现，这比什么都重要。

态度，态度，还是态度！

常常有人说，危机里我们不是不愿意表态，但是你看，我一点细节也不掌握，任何进展没有取得，什么结论也没做出，一个数据都没拿到……我手里一张牌都没有，你让我能说什么？我只好说"我们正在调查"，而且事实上，我们也确实正在调查。

在那种境况下，我们拿什么来表态呢？

在情况还不清楚时，当事方声音的出现本身就很重要。

除了"我们正在调查"，我们其实还是有很多话是可以说的。

事发的时间、地点、人物，是可以说的吧？

我们对于那些有可能受到伤害的当事人的同情和关心，是可以说的吧？

政府也好，企业也罢，坚决维护公众利益的态度，是可以说的吧？

各单位、各部门为解决这一事件，付出物质方面、技术方面、政策方面的努力，上上下下正在如何积极行动，也是可以说的吧？

我们将在最短时间，以最大努力，尽最大诚意，把事件原因调查清楚，给社会一个满意的交代，并且改善相关的管理和服务，争取让类似事件以后不再发生，又是可以说的吧？

我们对于广大媒体、广大网友不断地监督我们的工作，提升我们的服务意识、服务态度、服务质量、安全生产、信息公开、环境保护等的感谢，还是可以说的吧？

这不都是我们第一时间可以说的吗！

舆情代表公众的利益，回避是没有效果的。即使有时候还没有知道完全的真相，也应该及时表达我们的态度和目前已经有的行动。

甚至还可以包括什么呢？我们不是总习惯说"正在调查"吗？那好，我们这个调查小组，它由多少人组成？这些人都是干什么的？来自哪些职能单位和部门？在这个领域、行业里工作过多少年？拥有什么样的权威地位？取得过什么样的专业成就？调查步骤将如何展开？调查结论将会怎样公开发布？发布以后还将做什么？

这不都是我们可以说的吗？

问题是让我们的声音及时出现。

一扇窗户如果有一块玻璃碎掉了又没有及时更换修补的话，要不了多久，其他玻璃也会很快被游手好闲的行人和顽皮的孩子用石子击碎。

这就是有名的"破窗效应"。

及时更换一块玻璃和将来更换整扇窗户的玻璃，哪一个成本更高呢？

2019 年 1 月 2 日傍晚 6 点，有自媒体曝出"大新闻"——李天一在狱中自组乐队，玩得不亦乐乎，言之凿凿甚至还"有图有真相"。各类自媒体疯狂转载，手机弹窗不断，微博冲上热搜榜第一，话题阅读数超过两亿。

然而仅仅过了不到 6 小时，北京市监狱管理局当晚 11 点 40 分发布情况通报，李天一正在北京服刑，所谓"组乐队"是谣言，网传的照片是 2004 年其他监狱组织服刑人员排练节目的照片，里面也根本没有李天一。

天下武功，唯快不破。

这次危机处理快到什么程度？网友调侃说："咋辟谣了？我还没来得及看到谣言呢……"

五、预案，一定要有预案

笔者有一个习惯，去任何一个地方讲课的时候，身边一定会带着一块移动硬盘，这块移动硬盘里就储存着讲课需要用到的每一个 PPT 讲义和每一个视频文件。因为我根本不敢保证自己的这台笔记本电脑今天上课的时候会不会出问题。有一次我去福建一个县里上课，那天我的笔记本电脑就是不开机，说什么也打不开，废铁一块，毫无反应，所有讲课的文件都在里面存着，那怎么办？人已经来了，全县 700 多个干部坐一礼堂。那么我请主办方帮我再准备一台笔记本电脑，我插上自己带的移动硬盘，照样讲。这块硬盘就相当于我讲课的危机预案。

这个预案，平时没感觉，出了事儿，你就知道重要了。

危机中，舆情里，有预案，才能保证及时发声。

常常有人说，我们也有预案，但往往是救灾抢险、生产事故方面的应急预案。至于危机中信息发布的应急预案，我不是干这个、学这个的，手忙脚乱。那么一起突发事件爆发以后，面对媒体采访、网友质疑、公众诘问、群众不满，第一时间里他们最想了解哪些问题呢？我们可以根据哪些问题来做好这个危机中信息发布的应急预案呢？

也就是媒体或者网友，他们需要什么？

我总结了 10 个问题。

一般来讲，媒体采访、网友质疑、公众诘问等，大体上的内容是不会超过这 10 个问题的范畴的。我们根据这 10 个问题做准备，做预案，常常可以在一起突发事件的信息发布当中处在有力、主动、及时的地位。

（1）什么人？什么时间？什么地点？

（2）发生了什么？

（3）什么原因造成的？

（4）现在的情况怎样？

（5）造成的后果如何？

（6）你们已经采取了什么措施？

（7）你们的态度是什么？

（8）下一步将要做什么？

（9）谁将为此负责？

（10）如何避免此类事件再次发生？

这 10 个问题往往是媒体、网友最关心的，但是也不必一次披露所有信息，事实上，你也做不到。但是我们尽可能根据这 10 个问题提前做好准备。

千万不能不做任何事前准备，别等事发以后，闹大了以后，乃至媒体上门以后，才现商量。

【新闻】中央电视台《焦点访谈——禁令出，扩建急》

正如我们前面看到的，企业生产污染严重。那么，这家钢厂有没有通过环境评估，这是工业项目建设的前置条件。记者想找人问一问，结果却看到了地方宣传干部现场教企业负责人说话的奇异场面。

河南省永城市委宣传部干部王杰："它们是通过综合整治，不需要环评，知道吧，不需要环评的。通过综合整治，整治合格以后发一个合格意见就可以了，就这么简单。"

本来，生产情况应该由企业负责人向宣传部门介绍，可现在，明明是宣传部门的人在一字一句地教企业负责人怎么说。那现学现卖的效果又怎么样，我们一起来看一看。

记者："你们钢厂从年产 30 万吨增加到年产 300 万吨，增加的这个量，有没有正式向环保局报过？"

河南永城振兴钢厂党支部书记王毅："有，报过。"

于是，记者向正在现场的永城市环保局监察大队的工作人员询问。

记者："从 30 万吨到 300 万吨，这个向你们环保局报过这个环保的申请吗？报没报过？"

河南永城市环保局监察大队工作人员："你报没报？这个我也不清楚，当时不是委托省里给你们办理的吗？"

河南永城振兴钢厂党支部书记王毅："我不是跟你说了嘛，报了报了。"

　　记者："你报给谁了？"

　　王毅："报给咱环保局了。"

　　记者："没有啊，环保局说他们不知道。到底有没有？"

　　后出现的这位是环保局的。环保局的环评不通过，企业不能开工。那么这家钢厂到底做没做环评，环保局的工作人员本应脱口而出。没想到记者一问之下，环保局的工作人员居然拉着企业的人凑到一边商量起来了。看样子没有商量妥，最后一起走了。看来，振兴钢厂和环保局的关系可真不一般啊。于是，记者又询问了另一位市环保局监察大队的工作人员。

　　记者："那我就问问你呀……"

　　河南永城市环保局监察大队工作人员："别问我，我害怕！"

　　通过反复动员，宣传干部又一字一句教了半天，这位环保局的执法人员才又站在了摄像机前。

　　河南永城市环保局监察大队工作人员："我们监察大队平时监管它，看它污染设施正常运转不？排放达标不？一般监管是1个月1次，到时候就监管它，都是很正常的。"

　　记者："这个过程中你们发现有什么问题吗？"

　　河南永城市环保局监察大队工作人员："一般没检查出来有啥问题。"

　　记者："像这个大气排放，有在线监测设备吗？"

　　河南永城市环保局监察大队工作人员："没有。"

　　记者："我看2006年的时候，当时就要求企业建设这个在线监测设备了。"

　　河南永城市环保局监察大队工作人员："2006年？"

记者："2006年。"

河南永城市环保局监察大队工作人员："这个，我问问……"

这一问，又去商量了，然后就没了下文。

|第四节| 第二原则：诚实原则

这一切里面并不存在英雄主义，这只是诚实的问题。与鼠疫斗争的唯一方式只能是诚实。

——加缪

一、稳定来自真实

2020年，新冠肺炎疫情袭来，恐慌弥漫在空气中。

疫情全面爆发之初，湖北省官方向中央广播电视总台记者表示："湖北省在抗击疫情方面的物资储备和市场供应是充足的！"

然而媒体和网友很快看到的，却是多家医院防护物资严重不足，是医护人员一件防护服反复穿，是武汉协和医院、武汉大学人民医院、武汉大学中南医院等的医生、护士乃至院长纷纷以个人名义在网上向全社会公开求援。

我们想一下，这些医护人员、医院院长，他们作为体制内的人，跨过当地的卫健委，跨过接受物资的红会和慈善总会，以个人名义在网上公开求助，说明了什么？说明防护物资真的是快没有了，真的是急了，真的要危及生命了。

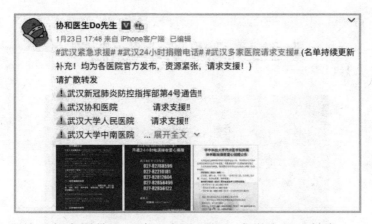

舆情引起全国关注，连《人民日报》官微也予以转发。

无奈之下，湖北官方最终承认：医疗物资紧缺，不仅是疫情最严重的武汉，全省其他地方也普遍严重不足。

掩盖，经不起真相的轻轻一戳。

另一方面，作为制造业相当发达、产能强大的浙江，省政府却始终实话实说，坦言医疗物资非常缺乏，希望大家帮帮忙。

看到家乡告急，民营经济最发达的浙江显示出强大的民间动员力量。浙江民众纷纷助力，浙商邓惠燕几乎买空莫斯科能找到的库存，将 244 箱医疗物资运回国内；浙商赵普洲迅速在柬埔寨买下一家工厂生产口罩；一位浙商单枪匹马从香港奔赴温州，18 小时送来 2 万只口罩……

其实，承认自己有缺点、有不足、有难处，没啥问题，相反能够培养民众对负面信息的免疫力，更能增加万众一心的凝聚力。

疫情当中的你，为什么那么喜爱张文宏医生？

很多人会立即回答：因为他说实话，而且总说大实话。

作为复旦大学附属华山医院感染科主任的张文宏，最大的魅力在于他的真实。这些实话，让人觉得他可爱又美好。有人甚至说，疫情当中的安全感，有一半来自于张文宏的大实话。

他不迎合上级，也不讨好群众，只在专业的范围内给你斩钉截铁的意见，该是怎样就是怎样。

"注射血浆患者立刻康复？那是电影，一点可能都没有！""新冠肺炎在今年夏天结束几乎没有可能。""新冠肺炎，没有神药。唯一的神药，就是集中所有的优势医疗资源，让这些病人能够坚持下去。"

在说实话这件事上，张文宏一以贯之，有就是有，没有就是没有；得出结论的就明确讲，得不出结论的就再观察。那么多人喜欢张文宏，首先在于他个人和话语的真实。

两个字：不装。

说实话是多么的可贵，复旦大学侯杨方教授评价道："张文宏不仅是中国最强感染专业最强的主任，更是疫情时期全国人的精神安慰。"

这种安慰，来自于他的真实。

2月13日，湖北卫健委一反常态，推迟了每天7时前后发布的新冠肺炎疫情动态，让人感到很不寻常。8时30分，官微果然有惊人内容：一是将临床诊断写进确诊标准中；二是根据新标准，湖北12日新增新冠肺炎病例14840例，其中临床诊断病例13332例；新增死亡242例，含临床诊断病例135例；单日新增确诊病例近15000例，是过去每天新增千余病例的10倍。

但是很多人却说：这才是真实数据，反而放心了。

真相从来就不是稳定的敌人，而是稳定的助推剂。

说真话，能维护稳定。

二、说假话一定被打脸

很多为人父母者在子女教育中，都会本着一个根本的原则：允许我们的孩子在成长的过程中犯下各种各样的错误，却绝对不能容忍自己的孩子撒谎。

多年来笔者也一直在思考，到底什么是危机处理？

想来想去，笔者觉得危机处理某种意义上，通俗地讲，可以总结为四个字。

哪四个字呢？

人之常情。

很多危机处理的道理，仔细想想，其实不过都是一些人之常情。

我们都不能接受自己的孩子说谎，那公众怎么可能接受一个和他没有任何血缘关系的政府部门、企业、学校、医院等机构对他说假话呢？

这就是人之常情。

但是为什么有一些政府部门、企业、学校、医院等，在危机里采取了违背人之常情的处理方式，最终对外说了谎？

说到底还是因为其中牵涉到巨大的利益。

但在今天这个全媒体时代，很多网友的人肉搜索能力、逻辑推理能力、议题设置能力、调查真相能力，让我们很多职业记者都格外钦佩。在看一些非职业媒体人爆料的时候，笔者常常想："这哥们儿太神了，他怎么把这搞出来的？"

记得网络账号"花总丢了金箍棒"背后的那位花总吧，当年的"表哥"杨达才事件中，花总根据网上杨达才佩戴手表的照片，就能够判断出"表哥"手腕上这块表什么牌子、什么价格、进入中国市场多少数量、在收藏界什么地位、现在价值多少，花总根据网上照片给罗列得清清楚楚，而且基本和事实相距不远。后来又陆续曝光各大高档酒店卫生安全问题，服务员用客人的毛巾擦马桶；揭露各类酒店偷拍的现象，不良商家怎样安装微型摄像头等，花总以一己之力，却总能引发包括央视在内的后续报道和强烈的舆论探讨。

记得那位在西安维权的奔驰车女司机吧，这位开面馆的女老板，在奔驰4S店里爬上奔驰车的前机器盖，痛陈自己买车维权的艰难。她策划新闻的能力、整个事件中全程把控舆论走向的能力、与商家对话时的逻辑思维能力，包括现场语言表达能力，太棒了！笔者当时想：这女的幸亏没有当记者，当了记者还能做主持人。

　　在我们这个时代，每一部手机都能拍照、录像、上网，到处都有摄像头，每一辆私家车几乎都安装有行车记录仪，也让很多普通人成为新闻记者，其中甚至不乏那种深度调查记者，更何况还有千千万万几乎不关机的"拍客"，他们让我们的生活变成了一场从不停止的现场直播。

　　这种现实环境下，不诚实，真的会被"打脸"。

　　2020 年 3 月 23 日，河北一家医院的领导与该院 8 位支援湖北抗疫归来的医护人员的合影在网上热传，令人惊诧的是，照片中领导站在前排成为主角，抗疫归来的医护人员则被集体挡在了领导身后作了陪衬，被网友戏称为"医院领导集体抢镜""还以为是 8 名领导凯旋回家"。

　　网友评论说："领导们的形象瞬间高大，而英雄们落寞卑微的苍凉从照片后面散发出来。这哪里是与归来的英雄合影，这分明是拿归来的英雄作背景。嘴上的尊重和敬意，一到现实就是权力的傲慢。"

　　当地卫健委赶紧出面解释："在隔离的饭店现场，我们规定医护人员站在隔离酒店台阶上面，非隔离人员站在台阶最下面，保持安全距离。迎接人员与 8 名支援湖北医护人员的合影位置是按照现场隔离距离要求进行的。"医院院方也回应说："因医护人员处于隔离期，为了全面落实疫情防控工作要求，相关人员与隔离人员近距离接触时应保持安全距离。我院支援湖北医护人员不宜离开隔离区，非隔离人员也不宜进入隔离区。所以拍照时，医护人员只能站在隔离酒店台阶上面，非隔离人员只能站在台阶最下面。"

　　看来，一切都是为了防疫的需要，为了大家好。

　　谁知，网上迅速传出有人在当天现场拍摄的照片，照片上清楚地显示，在同一个场景下，归来的医护人员走下台阶，欢迎的人员也走上台阶，大家在一起近距离合影，热烈握手，相互交谈，根本就不存在什么隔离区和分界线。

这"辟谣"分分钟被"打脸"。

连新华社都看不下去了，《新华每日电讯》发文评论：《"撒谎式回应"比领导与医护合影抢镜更损形象》。

舆情压力之下，医院向社会公众诚恳道歉，当地网信主管部门也约谈了单位相关负责人，要求其对此次事件暴露出的问题深刻反思，查找根源，诚恳对待舆论关切和批评。

没有诚实态度，用谎言作解释，没想到越描越黑。

事实是神圣的，意见是自由的。

这就是现在的视频中国、图像中国、全媒体的中国。不管你愿不愿意，喜欢不喜欢，接受不接受，它就是来了。手机加网络已经几乎成为所有市民的标配，人人皆记者，家家通讯社，老百姓最容易做到的就是：有图，有视频，有真相。

事态不会因隐瞒而缩小，没有不透风的墙，更何况是在这个全媒体时代。

不论出于什么样的动机，都不能欺骗公众。

危机事件里，永远永远，永永远远，说实话。

诚信是人与人交往合作的基础。没有诚信就只剩下彼此哄骗，自欺欺人，如严复所说："华风之弊，八字尽之。始作于伪，终于无耻。"

三、真话不全说，假话全不说

不光是在无处不在的草根网友、公民报道者面前，在面对正规媒体的新闻记者的时候，你以为他们就会相信你说的吗？

别人说啥信啥，肯定不是好记者。

2012 年 12 月 30 日，山西省长治市天脊煤化工厂发生苯胺泄漏事故，8.76 吨污染物排入浊漳河，导致下游的邯郸、安阳等地大面积停水。调查认定，此次苯胺泄漏事故引发浊漳河水污染事件，是一起由企业安全生产责任事故引发的重大环境污染事件，事故企业、相关政府部门对此负有责任。中央电视台《焦点访谈》做了相关报道。

【新闻】中央电视台《焦点访谈——追问苯胺泄漏事故》

记者："我现在脚下的这个小河沟呢，就是这个企业的一个主要的排污通道，上游就是企业的一个排污口。我们看到这个河道的中间被拦截了很多这样的堤坝，现在河道中间已经看不到流水了。不过我们注意到一个细节，我们发现河道里面有很多这样黄颜色的冰块，专家告诉我们，这些黄色冰块就是苯胺经过之后留下来的痕迹。那么顺着这个河道再往下游走，不到 30 米的距离，就是浊漳河。"

既然 30 号就发生了苯胺泄漏到河道的事故，那么河道附近的村民是否及时得到通知呢？

记者："附近老百姓，你们通知他们了吗？"

长治市环保局污染防治科科长王玉平："村里面老百姓，县政府连夜开会，全部都通知到了。"

记者："几号通知的？"

王玉平："31 号。"

记者："31 号什么时间？"

王玉平："这个具体的话，不是我这儿实施的，我不清楚这个情况。"

记者在附近村庄采访的时候，却得到村民相反的回答。

记者："你是这个村的吗？"

村民一："我就是这儿的。"

记者："村里给你们贴通告什么的、大喇叭什么的给你们讲过吗？"

村民一："没有没有，没讲过。"

记者："你们家里人知道吗？"

村民一："不知道。"

记者："元旦期间接到什么通知没有啊？"

村民二："没有接到什么通知，我们村里的老百姓也没有人通知我们。"

记者："没有通知你们说这个水有问题，不要让牲口下去饮水？"

村民二："这个，没有说。"

一些官员常常觉得他说什么记者就会报道什么。但是官员接受采访说的话，记者就会相信吗？那可未必。他一定会去找相关的当事人来核实，而当事人的说法跟环保局干部的说法两相一对照，我们都能得出结论，环保局的那位干部在撒谎。

一旦一个假话被揭穿，以后所有的真话都会被认为是假话。

就像那个"狼来了"的故事一样。

也还记得那位当年的养生明星张悟本大师吧？张悟本的谎言被媒体揭穿也是一样的。

【新闻】中央电视台《今日说法——谁制造了养生明星》

这个房间就是张悟本用来接待患者的地方，在这里，张悟本只负责咨询，不进行诊疗。但是从今年五月份开始，人们纷纷对张悟本的身份提出了质疑。

市民："大骗子，我压根就没相信他。"

市民："一开始咱也不了解，人家说是中科院的又是什么研究院的什么医生。"

那么，红极一时的张悟本怎么会在一夜之间又成了骗子呢？在张悟本的履历中我们看到，张悟本出身于中医世家，六岁开始随父学医，父亲张宝扬也曾经是医生。如果这些都是假的，那么张悟本真实的身份又是什么呢？

小区居民："他原来就是工人，从来没学过中医。他媳妇也是工人，1997年才下岗。他爸爸也是针织厂的工人。"

在张悟本曾经居住的小区，我们了解到，张悟本和他的父亲原本都是纺织厂的工人，张悟本1997年下岗后搞过推销，卖过保健品。

记者："反正中医世家肯定不是？"

小区居民："应该不是，他也没文凭啊，他初中毕业，有什么文凭？"

那么，张悟本的教育经历中标明的张悟本1981年就读于北京医科大学，2000年就读于北京师范大学中医药专业的说法又是否成立呢？

北京大学医学部（原北京医科大学）工作人员："无论是夜大也好还是他所谓1981年在这儿学临床医学也好，他不是我们这儿的学生。"

北京大学医学部的工作人员告诉记者，1981 年他们学校根本没有学生毕业，他们的学校档案中也没有张悟本这个人。

记者想把张悟本的来路搞清楚，同样根本就不需要花费多大力气。就到他曾经居住的小区找居民问一问；到他说的毕业院校找主管毕业分配的老师问一问，马上就可以搞清楚。因为新闻媒体、新闻记者，他们被赋予了可以做新闻采访、新闻调查的公权力。

他们拥有这个公权力。

面对媒体和舆论永远不要说假话，哪怕是在无关紧要的事情上。

危机里不一定把所有的真话都告诉公众，未必把真话全讲出来，什么该说、什么不该说、什么时候说、说到什么程度，都是有讲究的，也是需要授权的。

你可以选择哪些话不说，但只要说出来，一定要保证你说的是真话。

有些话可以不说，但决不能撒谎。

当然，突发事件发生后，在短时间内很难搞清楚它的来龙去脉，对其全面认知需要一个过程。因此，可以分阶段、分层次发布消息，不应等到事件处理完毕以后再发布新闻。在事件发生之初，信息发布只要及时、明确就行（何时何地、何人何事，有何故更好，没有也没关系），以后可再根据事件的进展情况，持续不断地做新闻发布。

繁华散尽，尘埃落定，所有虚妄，都将消失。

唯说真话者，得人心。

四、正面宣传也不能撒谎

2020 年的新冠肺炎疫情给我们带来了很多经验和教训。一些地方媒体不要说真实坦诚地面对疫情，不要说面对负面新闻说实话，更不要说敢于自曝危机以示坦诚，乃至于正面宣传也撒谎。

这种所谓的"正能量"新闻写得再花团锦簇，也难免受到非议，甚至让很多人觉得愤怒、无耻。

"造神"树典型的操作，不仅不符合常识，而且反人性。今天可以编故事、树形象，明天就能编数据、立人设，后天就能掩盖真相，把有说成没有。这就不是恶心人的问题了，是真的会出大事。

这不是正面宣传，这是把人当猴耍。

南京大学新闻传播学院杜俊飞教授说："一些媒体，徒有全媒体、融媒体、智媒体之名，如果不能报道真正的新闻，它们就都是假媒体。那些中央厨房、数字矩阵之类，如果不能为公众提供贴近的服务，就都是伪创新。"

政府做诚实的事，媒体写诚实的报道。

诚然，真相常常都是很难看的。《红楼梦》里跛脚道人送给贾瑞一面宝镜，从正面看是贾瑞心仪的凤姐的玉体，从背面看却是一具骷髅。多看正面，则命休矣；多看背面，病可治愈。可是贾瑞忍不住诱惑，他总是要看正面，因为那是他心仪的凤姐，甚至忍不住意淫着跨进镜中，结果他就死于非命了。

假象可能一时看起来很美，却是最有害的，而真相、真实，能救命。

|第五节| 第三原则：透明原则

有信息比没信息好，充分的信息比片面的信息好。开正门堵旁门，疏大道堵小道。你不说话并不代表记者就不报道，老百姓就不议论。既然你不说，媒体也会报道，为什么不让媒体报道你说的事情呢？

公开是原则，不公开是例外。

一、新冠肺炎疫情中的两家红会①

2020 年新冠肺炎疫情初期，什么谣言都有：抽烟防感染、喝酒能消毒、小磨香油滴鼻孔阻断传播、放烟花爆竹能防疾病、空调

---

① "红十字会"的简称，下同。

开暖风可以避免感染、吃大蒜能预防新冠肺炎……足可以编一本谣言大全。

疫情发生以来，跟一线医生、护士、民警、社区干部等防疫人员相比，如果还有一群忙得昏天黑地的人，估计就是辟谣的人。

而这些谣言很大程度上都来源于信息的不公开、不透明。

危机处理中，好消息也罢，坏消息也罢，只要和公众利益密切相关，就都要保证给公众做一个公开透明的发布，也就是我们常常讲的保障公众的知情权。

如果危机里没有保障公众的知情权，没有做到信息公开，会导致什么问题？

2020年新冠肺炎疫情期间，有两家红会几乎在同时被送上热搜。

一个当然是被全国网民高度关注的湖北红会以及武汉慈善总会。

湖北红会和武汉慈善总会危机不断，它们就像一个"黑洞"，无数捐款和物资投放进去，武汉却仍然在告急；网传它们收取捐赠服务费，否则就将款物退回；拿单位介绍信到红会也领不到物资；山东寿光捐赠给红会的蔬菜被卖到了超市……一系列让人迷惑的操作，让它们一次次站在舆论的风口浪尖。而当地红会和慈善总会总是跟在流言后面疲于奔命，几乎没有一次是走在舆论的前面，更谈不上去引导舆论，陷入了"谣言起—辟谣—谣言又起—再辟谣"的循环。

另一家则是杭州红会。

人们惊奇地发现，杭州红会每天收到的善款账目不但会及时公开，哪怕你只捐1块钱，在杭州红会的网站上都可以查到。

防控新型冠状病毒感染肺炎项目	███ghy	¥1	2020-02-02
防控新型冠状病毒感染肺炎项目	███汉媛	¥100	2020-02-02
防控新型冠状病毒感染肺炎项目	███惠葵	¥1000	2020-02-02

这是杭州市红十字会党组书记魏丹英在新闻发布会上的发言："短短的 4 天时间，我们收到了 1.27 亿元的爱心捐款。为了让市民的这笔爱心资金能够得到更有效的监督，我们对收到的个人 1 万元以上的捐款、企业 10 万元以上的捐款，以及收到后每天支出的资金，再加上每天收到的捐赠物资、每天发出的物资，我们第一时间在 1 月 28 日的《杭州日报》第四版进行了公示。同时我们也在市红十字会的网站和公众号上进行了公示。杭州电视台杭州综合频道将每周两次滚动播放这个公示。小额的捐款也可以在我会的网站上进行实时的查询。这些措施就是为了接受社会的监督，使我们收到的爱心捐款和爱心物资能够做到公开和透明。"

人民日报　2-1 09:56 来自微博 weibo.com

【#杭州红十字会收支每日公布#，截至31日中午累计收到1.27亿捐款】1月31日，杭州红十字会常务副会长魏丹英在新闻发布会上称：每天的捐赠款物收入和支出情况在《杭州日报》第四版公示，同步在杭州市红十字会官方网站和杭州市红十字会微信公众号公布，接受社会监督。（杭州日报）

"我也要去杭州红会留个名"的想法迅速在杭州市民心中蔓延开，进而变成了一场轰轰烈烈的集体捐款行动。

有网友给杭州红会捐款，捐完刷新，结果立现，刷出了满满的存在感。

而这些钱上至千万元，下至一元，在杭州红会的网站上都一笔不差地公示出来。

至于物资发放？

杭州红会把这项工作委托给专业的物流企业，让科技发挥力量。红会仓库小，接收货量大，当天的货当天运出，提交物资调拨单后，几分钟就可收到送往医院的指令。

当然，这一切也是公开的，全程接受网友监督。

怎么做到公开透明？

其实很简单，就像杭州红会的魏丹英书记说的：报纸＋广播＋电视＋互联网＋滚动播放＝公开透明。

浙江省的疫情也不轻，温州的确诊病例也居全国前列，事件的重要性不亚于湖北。

但是公开透明方面呢？

从大年初三开始，浙江每天下午定时召开一场新闻发布会，这些发布会回答得事无巨细，毫无保留，甚至包括自己的缺陷和问题。

1月27日的发布会上，有记者提问目前浙江省内口罩是否够用？浙江省经信厅厅长徐旭小声嘀咕了一句："可以说吗？"接着，他还是大大方方地坦白，缺口不小，未来4天内，浙江医用外科口罩缺口400万个，医用防护服缺口近两万件。

有了透明的信息，就有了及时的行动。口罩有缺口，浙江各地政府就帮助企业加班加点地生产，全浙江的口罩厂都被召集起来，三倍工资召回工人开工；原料没备足，政府出面向全社会打广告。

每一场新闻发布会上，没有空话废话，没有官话套话。减社保费、发放贷款、贴息、减税、免租……新闻发布会上走马灯一样出现过各种人物：医疗专家、市长、卫健委主任、机场经理、海关关长……说真话，交实底，触及的话题基本上覆盖了经济社会、民生保障的方方面面。参加发布会的官员说话也上来就是"干货"，直截了当地回应疑惑。

疫情是面镜子，照出了轻慢，也照出了敬畏。

急！两家浙江口罩生产企业原料告急 谁能帮一把？

杭州城事　浙江新闻客户端　2020-01-27 14:16　　　　64 评论　　 ＜ 分享

1月27日上午，记者从省商务厅获悉，目前有两家正在赶制口罩的浙江企业面临原材料断货的情况，希望寻求社会力量帮助寻找货源保证生产。这两家企业的信息和原材料短缺情况如下：

浙江川本卫生材料有限公司，地址在嘉兴市秀洲区秀新路508号，主要生产医用外科口罩，目前口罩的原料面临断货！口罩原料包括：滤布、面布、里布、包边布、鼻梁条、耳带，均已告急，特别是滤布格外紧缺。如大家有原料供货途径，希望能提供原料厂家。

采购负责人：郭×经理 1396735××××　　　王×经理 1396734××××

二、谣言止于公开透明

危机里没有保证信息公开透明，带来的一大问题就是谣言的滋生和泛滥。

那谣言是怎么来的呢？

谣言的产生原因，在笔者看来其实主要就一条：谣言的产生和传播源于公众的信息饥渴。

公众在危机里获得的信息越不完整、越不充分，谣言就越盛行。

滋生谣言很简单，满足两个基本条件就够了：第一，事实重要；第二，信息不清。这两个条件只要凑成一对，而当事者或者官方又没有针对这种情况及时发声，谣言很快就会在民众的耳边萦绕；如果再进一步贻误时机的话，老百姓就会冲出家门去抢双黄连了[①]。

有一个简易的公式可以很好地解释这个道理。

重要性 × 不清晰度 = 谣言

如果一件事情对于公众来说又重要又不清楚，人们出于寻求安全的本能，自然就会去猜，去编，一猜一编当然就指不定成什么样子。

如果一个事件的重要性是 10，不清晰度也是 10，那么谣言就是 100。

如果把事件的重要性降低一半，把不清晰度也降低一半，谣言就降低成四分之一。

如果事件本身的重要性很难降低，牵涉到老百姓的生命、健康、安全，重要性依然是 10，但是如果我们努力把事件的不清晰度降到 0 的话，那么谣言又是多少呢？就是 0。

所以怎么消除谣言？很简单，降低产生谣言的两个指标，或者降低重要性，或者降低不清晰度。

而像新冠肺炎疫情这样的危机，牵涉到每一个人的身家性命，重要性根本不可能降低，那政府能做的，只能是尽量去降低各类事件的不清晰度，不清晰度越低，谣言越少，不清晰度能降到 0，谣言就是 0。

试想一下，在有人最早发出预警的时候，武汉如果能够重视起来，及时发布最新信息提醒市民多加防范；如果湖北红会、武汉慈善总会能够把信息全媒体向网民及时公开而不是最开始的遮遮掩

---

① 　此处指的是2020年新冠肺炎疫情初期，民众抢购双黄连事件。

掩，后来一次又一次地简单否认；如果能够让真相走在猜忌之前，很多谣言是不是就不会出现？

制服谣言最有力的武器就是公开透明。

在全媒体时代，信息渠道是无法完全被垄断的。当官方渠道无法满足全民的信息需求时，转向社会渠道获取信息就成为替代选择。

总有人认为，在像疫情这样的公共危机事件里公开信息，保证信息透明，会造成民众的恐惧，会造成社会的不稳定。其实，民众越不了解情况才越恐惧，而这种恐惧的心理比恐惧本身危害更大。

复旦大学附属华山医院感染科主任张文宏说："在国际上，重度流感肺炎的死亡率是9%，"非典"[1]的死亡率是10%，二者的死亡率几乎相同，你为什么对流感不怕，对"非典"这么怕？因为你对"非典"一无所知。"

这是引人深思、发人深省的实话。

况且媒体从来不惧怕恐慌，而且公众一旦产生恐慌，媒体将获得更多的关注。

> 一个政府如果不给人民提供信息或获得信息的渠道，那么它将成为一出悲剧或者闹剧的开始——也许两个都是。
>
> ——美国第四任总统　詹姆斯·麦迪逊

危机中，政府和企业喜欢振振有词地说一句话：清者自清，浊者自浊，谣言止于智者。

---

[1] 重症急性呼吸综合征（SARS）为一种由SARS冠状病毒感染引起的急性呼吸道传染病。

但哪有那么多的智者啊！

首先，我们不能保证智者就不造谣，不垄断信息。其次，智者的数量有多少？"智"的标准是什么？谁来充当"智者"？心理学家勒庞在《乌合之众》中告诉我们，"群体在智力上总是低于孤立的个体，智力在群体中不起作用，它完全处在无意识情绪的支配之下。"最后，现代科学的分工，让一个大学教授在非自身专业的领域里也表现得跟一个傻瓜差不多。

谣言不是止于智者，而是止于公开透明。

全媒体时代，没有谁有能力把舆情的铁板打造得天衣无缝，民众的信息需求就在那儿，你不发声，不去填补，自有其他声音去填补。谣言是恐慌的助推器，而谣言最大的温床则永远是沉默与逃避。

舆论是社会的减压阀。人疼的时候，会喊一喊，听上去不那么和谐，但也会减轻点痛苦。可是，如果把嘴都捂住了，憋住气，是要出人命的。

信息的垄断和封闭早已做不到了，这是基本的常识。封住报纸，封不住电视；封住电视，封不住网站；封住网站，封不住个人发帖；封得住这家媒体，封不住那家媒体；封得住国内，封不住国外……终究有一天，说话的嘴比捂嘴的手要多得多。

借用那句著名的话：正义也许会迟到，但从不会缺席。

真相也是。

三、通过提供信息来控制舆论

2020年的新冠肺炎疫情，总是让笔者想起2003年的"非典"疫情。

2003年，"非典"刚刚开始在北京流行的时候，也是因为信息不透明，造成一个什么结果呢？就是当时的北京城谣言满天飞，说什么的都有。笔者的手机当时甚至还收到过这样的短信："根据医学专家研究，'非典'病毒只能存活于离地面一米以上的空间，所以建议各位市民出门，最好选择爬行。"

后来，当市政府承认北京确实有"非典"，北京确实是疫区，并且每天把抗击防治"非典"的信息都对外公开发布的时候，人们看到了一个前后非常明显的对比：大量的谣言马上没有了。

为什么？还是那句话：谣言止于公开透明。

再到后来的甲流防控、禽流感防控、H7N9防控、中东呼吸综合征防控等，有什么大的谣言吗？基本上没有。为什么？电视台新闻频道24小时直播，各大门户网站随时更新最新消息，整个进程都是公开透明的。因为透明，所以就没有谣言。

在贵州省有两个县，一个叫德江，一个叫瓮安。

2008年，这两个县在几乎相同的时间段里各自出现了一起中学生意外死亡事件。然而这两个县的主管部门一个做到了信息公开，另一个却没有做到信息公开，几乎相同的偶发原因，事态发展的走向却有天壤之别。

2008年6月15日，贵州德江县公安局接到报警，称发现一具男尸，经调查为德江一中的学生。经死者家属同意后，公安部门进行了尸检。6月18日，德江县公安局做出不予立案的决定，死者母亲认可。6月25日，受个别人鼓动，死者母亲到街上喊冤，引来上千人围观。德江县公安局迅速启动应急预案，局长带领70多名民警现场宣传疏散群众，并将死者母亲劝至公安局，事态得到初步控制。6月27日，县公安局召开了由死者亲属、死者学校师生、普通民众等参加的通报会，通过播放幻灯片等方式详细讲解案情，说明不予立案的理由，随后通过媒体报道，让更多群众了解真相，事件得以成功处置。10 月 17 日，贵州德江县公安局因为该事件的成功处置被记集体三等功一次，并获奖金一万元。

而就在德江县事态得到控制后的第二天，2008 年 6 月 28 日，贵州瓮安县也发生了一起因学生溺亡而引发的大规模群众聚集。然而当地公安机关却没有进行及时有效的疏导和解释，之后也没有及时公布案情真相，使得民众情绪不断激化，最终导致了轰动全国的"瓮安事件"这一大规模群体性暴力事件的发生。事件中，瓮安县县委、县政府、县公安局、县民政局、县财政局等被烧毁办公室一百多间，被烧毁警车等交通工具四十余辆，不同程度受伤一百多人。

我们从一次次的危机事件获得的经验是：信息的洼地必然是谣言的高地，危机当事方给出的信息越少，反应速度越慢，封锁消息越紧，公众的兴趣就越强，就会出现"禁果效应"。封锁消息的结果往往事与愿违，网友就会按照自己的臆想和片面消息对事件进行解读，为谣言滋生创造了条件，于政府和企业等的形象更加不利。

权威消息如果"掉链儿"，谣言流言则一定"撒欢儿"。

故而辟谣从来不是简单地发一则"不信谣，不传谣""互联网不是法外之地""对于造谣者将坚决依法予以打击"的公告，而是通过主动提供信息来控制舆情，通过打开大门来消除谣言，通过给公众真相来打消他们的不安，通过服务媒体来获得媒体的服务。

所以说，危机里必须向公众敞开信息的正门，千万不要以为把门一锁、把手机一关、人一走，记者转身就回去了，网友就不质疑了，不可能的。他们会从旁门进去，从窗户进去，甚至会从烟囱进去。

而他们从旁门、窗户、烟囱得到的信息，肯定不是对你有利的信息。

越透明，越安全。

中央电视台曾经报道过这样一则新闻。

【新闻】中央电视台《24 小时——基层医疗条件简陋，亟待改善》

这两天，我们报道了陕西安康的一件事。由于医护人员粗心大意，导致一名刚刚出生的婴儿落入到了火盆里，全身 60% 的面积烧伤（后经医院抢救，婴儿康复出院）。昨天我们的记者再次来到事发地，对陕西安康市汉滨区沈坝镇卫生院做了进一步的采访。刚到这里，简陋的医疗条件让我们非常担忧。

记者："这里就是沈坝镇卫生院的产房，今天外面可以说是阳光明媚，可待在屋里面还是让人感到非常的寒冷。据当时医生介绍，13 日晚上，山里刮起了大风，为了使孕妇和即将降生的婴儿能够感到一些温暖，她的家属就在这个位置摆放了一个火盆。就在孕妇临产待产的过程中，孩子突然出生，并从这个位置直接掉入火盆当中。"

在病房里，记者注意到，很多正在输液的病人都盖着厚厚的被子，陪护的家属则围在自己带的火炉前取暖。

患者："冷是冷，盖着被子，就这个条件，没办法嘛。"

12 月中旬的安康，夜晚的温度大都低于 0 摄氏度，为什么在本就体弱的人员聚集的病房里，没有更安全一些的取暖设施呢？

安康市汉滨区沈坝镇卫生院院长姚舜丁："冬季我们院取暖主要靠电炉子，像这种电炉子，电压低带不起来，用电高峰期带不起来，你看咱这日光灯，一开，它也一闪一闪的。"

记者："有没有想过把现有的医疗条件稍微改善一下？"

安康市汉滨区沈坝镇卫生院院长姚舜丁："想过，但是咱们的乡镇卫生院资金相当紧张，就没有啥钱，我们要解决电的问题，就必须拉个专线。卫生院要设个变压器拉个专线，估计就要十几万块钱。"

据这位院长介绍，现在他们卫生院每个月水电人工费用需要3万元左右，政府补贴加上给村民看病的收入仅能满足基本开销。就在今年9月份，他们新建成的住院楼刚刚投入使用，没有多余的钱去改善病房的设施。而记者了解到，在沈坝镇卫生院所在的安康市汉滨区有40多所乡镇卫生院，其中大部分卫生院的医疗条件和设施都比较简陋。

记者："刚刚出生十几秒的婴儿，就落入到了火盆当中，这看起来是一起很偶然的事故，但是当中也有它的必然性。如果乡镇卫生院的医疗设施得不到改善，如果村民们就医的问题得不到足够重视的话，这样的情况随时都有可能再次发生。"

大家觉得，记者的这篇报道对于这家出了事的卫生院来说，从舆情角度上讲，究竟是有利，还是不利呢？

当然是有利的。

院方面对危机既没有回避也没有躲闪，而是打开大门，接受了媒体的采访。院方通过媒体报道，对外透露了两个信息：第一个信息，这火盆哪来的？家属带来的，不是院方提供的；第二个信息，院方并没有刻意推卸医务人员存在责任心不强的问题，而且事后相关人员受到处理了。但院方通过媒体向公众展示了真实情况：我们经费太紧张了，条件太落后了，方方面面实在是太困难了……那么最后媒体形成的报道，对这家出事的卫生院来说，从舆情角度讲，是有利的。

危机里不管你是否选择面对媒体，面对舆论，新闻媒体、网上舆论它们一样都会报道，都会炒作，而如果你选择面对媒体，面对舆论，打开信息大门的话，新闻媒体、网上舆论有可能站在你的角度上进行报道。

这是唯一的区别。

什么是最有效的辟谣方法？

最有效的辟谣方法就是没有谣言，走在谣言的前面，走在舆情的前面，主动做好信息公开，不让谣言产生。

这是最可靠的，也是最省力的。

央视频开通了火神山医院和雷神山医院建设的现场 24 小时直播，工地上紧张而有条不紊，工人正在通宵奋战，开播之时就有 40 多万人同时在线观看。

打开央视频，观看高清视频

慢直播 | 与疫情赛跑——全景直击雷神山建设最前线

●直播中 469522人在看

这个直播既不搞笑也不刺激，但它能够展示，为了战胜疫情，我们正在做什么。这是信心，也是破解恐慌的力量。到第二天再看时，工地已经有了很大变化，在线人数也已经增加到 400 多万人。

打开央视频，观看高清视频

慢直播｜与疫情赛跑——全景直击雷神山建设最前线

直播中 4175220人在看

这就是一种公开透明。

全媒体时代不是没有办法，更不是没有技术手段。火神山、雷神山建设工地 24 小时直播，高峰时接受 1700 多万网友的监工，这态势，想产生谣言都难。

打开央视频，观看高清视频

慢直播｜与疫情赛跑——全景直击武汉雷神山医院建设最前线

直播中 17081023人在看

其实，在政策层面、组织部署层面的信息公开透明，可能比工地直播更重要。我们今天的技术条件比"非典"时期进步太多了，今天的网民对于充分获取信息、化解群体恐慌的需求也比 2003 年更加强烈。我们能不能在这方面做点尝试？把一些信息主动置于公众的监督之下？

所以笔者就想，既然全国网友的眼睛都在盯着湖北红会、武汉慈善总会，一举一动都被无限放大，那么何不如像火神山、雷神山医院的建设一样，请网友"云监工"，开通网上直播，把所有的进出、流程、每日工作、账目变化、物资的调度、目前的困难、工作人员的辛苦、志愿者的奉献等都展示在公众的面前？有没有勇气把这个一再让人失望的组织变成比火神山、雷神山医院建设中的挖掘机小白、小蓝更牛的网红？走在谣言的前面，不好么？红会是人少，对于一些具体工作也不专业，但是只要打开信息大门，让公众看到真实情况和切实难处，相信会有大量的、专业的如财务公司、物流公司、仓储企业等伸出援手，主动为红会提供志愿服务。整个疫情当中，我们早已看到，这样的中国好人到处都是。

韩红也说做了慈善才知道，连一包方便面都是可以做到公开的，你做不到透明公开就别埋怨人家质疑你。

优先保证主流渠道畅通，小道消息也就没有了根源。哪些是可以说的、哪些是不能说的、怎么去说、谁来说、跟谁说等，都要有预案、有安排，但最忌讳什么都不说。

危机里我们总是想控制媒体，控制舆情，其实，什么才是最好的方法？

通过提供信息来控制媒体，这是危机里最好的控制媒体、控制舆情，乃至于控制事态的方法。

公开透明，回应关切，解决问题，这是公信力的核心来源。你不表达自己的声音，媒体就只好去报道别人的声音。

如何能没有谣言？让阳光照进来。

阳光是最好的消毒剂，也是最好的"谣言粉碎机"。

更进一步讲，为媒体服务其实就是为自己服务，把方便留给记者，把麻烦留给自己，让他们帮你做好信息公开工作。比如：事先为媒体复印发言人的讲话稿；用媒体可用的语言撰写新闻通稿；提出几个采访角度，供不同的媒体使用；准备好表格、图片、音像素材；提供相关的背景资料；对专业术语进行解释；提供专家名单和联系方式等。另外，别忘了，所有这些都准备一份电子版，拷贝到U盘或者发电子邮件给记者，省得他们写稿子的时候，对着你的文字材料一个字一个字往电脑里敲。

当你为新闻媒体提供的服务可谓无微不至的时候，将一些可以由记者做的工作事先帮他做了，帮他准备好了，一个记者即使主观上不想被这些材料影响，客观上也很难做到。

清华大学新闻与传播学院李希光教授打过比方：你想象一下，你请别人吃西瓜，是把西瓜一刀劈两半，然后请人抱着半边西瓜"洗脸"，还是把西瓜瓤切成小块，放在盘子里，再放上一把叉子端上来呢？哪一种方式会让人更愿意品尝你的西瓜呢？

四、究竟该怎样辟谣？

如果已经出现了谣言，该怎么办呢？总不能看着它妖言惑众吧？

当然要及时辟谣。

常见的辟谣"模板"："不是不是就不是""没有没有就没有""坚决依法打击造谣者""纯属谣传，请勿相信""不信谣，不传谣"，再画一个大红叉，盖上"谣言"的大红戳。

中国红十字会的"郭美美事件"发生后，我们看到红会的辟谣办法就是一次又一次的"网友说什么，便发表声明予以否认"的被动澄清。"辟谣＝否认"，这似乎是一部分红会工作人员的常规操作。

这算辟谣了？人们就相信了？

打个比方。

你问自己的孩子："你今天是不是在学校体育课上和同学打架了？"

孩子说："没有啊！"

"真的没有？"

"肯定没有！"

然后你就信了？

这不叫辟谣，这叫否认，甚至叫抵赖。

到底该怎么辟谣？

把自己放在一个普通百姓、一个网友的位置上，想一想，这个信息如何讲才能让我相信？

答案是一句话：运用常识。我们并不缺少智慧，而是缺少常识。

什么是辟谣？辟谣是要想方设法降低事件的不清晰度，也就是说，不能简单粗暴地辟谣，你提供的信息必须要比谣言本身更清晰、更细致、更具体、更准确、更科学、更专业、更有说服力，那才叫辟谣。

你孩子必须这么跟你说："我们今天没有体育课，我们上了语文、数学、历史和英语，我的同桌王小二一直和我在一起，还有好多同学也可以为我作证，不信，你还可以去问班主任老师。再说了，和同学打架，打赢打不赢身上都会有痕迹，你看我身上不是好好的嘛！"

这两种说法，你信哪一个呢？

　　再看新冠肺炎疫情中的武汉。

　　一方面，全国乃至全世界的捐赠物资都在向武汉集中；另一方面，一线的医疗物资依旧极度匮乏：N95 医用口罩、医用防护服、护目镜、外科手套、呼吸机……这些重要医疗物资全线短缺。武汉协和医院医生对外发出的请求是：不是告急！是没有了！

　　一位参与协调物资配送的武汉协和医院医护人员家属说："情况严峻到令人触目惊心，病房全部住满，还有病人没有病房。医生物资不够，就是在肉搏病毒。"网传医护人员只好自制防护物资，用手术服做口罩，把医用黄色垃圾袋改成防护服，图文并茂。

头条新闻 V ⅲ ❤

1月31日 18:02 来自 微博 weibo.com

【武汉协和医院西院：以黄色垃圾袋做防护服和手工制作口罩并无其事，纯属谣传】#武汉协和医院辟谣# 公众号"武汉协和医院西院"刚刚发文：武汉协和医院西院并没有因为物资紧缺影响正常工作，各项防治工作正在有条不紊地加快推进，并取得了良好的效果，图片中以黄色垃圾袋做防护服和手工制作口罩并无其事，纯属谣传。（环球网）

民意瞬间被点燃，武汉协和医院的医护人员让人心疼。然而，武汉协和医院西院首先辟谣："西院并没有因为物资紧缺影响正常工作，各项防治工作正在有条不紊地加快推进，并取得了良好的效果，图片中以黄色垃圾袋做防护服和手工制作口罩并无其事，纯属谣传。"

网友还没反应过来，这条官方微信公众号的消息竟然被发布者自己删除了。这下更引起网友的各种臆想。之后武汉协和总院又官宣了一条信息："关于网传'协和医院西院自制口罩及塑料袋充作防护服'的图文均不属实，纯属谣言，已报警，特此声明！"

为什么说"造谣一张嘴，辟谣跑断腿"呢？因为辟谣要核实，要查证，还要了解真实的情况是什么，要显示出你的具体、清晰、准确、专业和说服力，工作量大于造谣。但上面两条信息算辟谣吗？它们并没有显示出辟谣者的"工作量"，依然在走"不是不是就不是""没有没有就没有"的老路。

显然，这两次辟谣的结果并不理想。

辟谣是什么？是说明事实真相，是驳斥谣言为什么是假的，是经过怎样的流程，通过哪些证据最终认定这是谣言。

简单的否定从来就不是辟谣。

那么，武汉协和医院的这个谣言该怎么粉碎？

（1）对公众的监督、对网友的"心疼"表示感谢：自身有问题，道歉先行；自身没有问题，也要表示感谢。时刻欢迎舆论监督，感谢舆论监督，这才是真正有用的"官话"和"套话"。

（2）给出自己的调查过程：自己是如何认定这是谣言的，具体做了什么？有哪些行动？经调查，真相和谣言的不同在哪里？

（3）拿出结论：确属谣言，请公众不要相信。

（4）再次感谢媒体和网友的监督和关爱，让辟谣信息有态度，有行动，有结论，有温度。

还有一点欠考虑的是，协和的"已报警"传递出什么意思呢？如果这个谣言确实损害了医院的形象，威胁了自身的安全，损害了医护人员的利益，当然可以报警。而这个谣言的大范围传播，更多的是来自于网友的焦急和爱护，多数是网友的同情心和不知情造成的，医院在辟谣声明里说报了警，针对的对象是谁呢？辜负了网友的一片深情。

所以，武汉协和医院的这篇辟谣声明能不能这么写：

日前网传我院"医护人员防护物资紧缺，自制防护用品"的信息引起公众高度关注。

首先感谢媒体和网友对我院一线医护人员的关心和爱护。我院得知此事后，立即要求各科室负责人认真辨认了网传照片，确定照片中的人并非本院员工；同时我们也请援助我院的北京朝阳医院医疗队的领导辨认过，也不是北京朝阳医院援鄂医疗队的医护人员；经比对，照片中的环境、地点也不属于协和总院或西院。

而且从医学专业的角度，网传照片上自制防护用品的方法并不能起到有效的防护作用，既不科学，也无必要。

这些网传信息实属谣言，请大家不要相信，让我们一起携手，共抗疫情，共渡难关。

再次感谢媒体和广大网友的关心和爱护！

要件齐备了，辟谣才是有效的。

披露的信息越详细，公众的想象空间就越少，谣言的传播余地也就越小。

五、一个健康的社会不该只有一种声音

日本的"钻石公主号"游轮就像一个巨大的隐喻。

病毒在船上乱窜，无论头等舱，还是普通舱。当空气不能自由流通时，就会滋生病毒，就是一船人的灾难；当信息不能自由流通时，就会产生谣言，就是全社会的恐慌。

民众的恐慌并不可怕，尊重知情权反而带来人心的稳定。一个信息正常流动的社会才是健康的社会，而一个健康的社会不害怕坏消息。

2020年4月6日晚，已被确诊感染新冠肺炎的英国首相鲍里斯·约翰逊因病情加重被送入重症监护室。而英国政府并没有向新闻媒体隐匿病情，没有"整个就是不让说"。约翰逊首相也明确做出紧急安排，要求外交大臣拉布在"必要时"代理他的职务。在政府首脑病重的情况下，英国社会和抗疫工作依然在稳定地运行着。

公开信息，有可能会造成一些问题，但不公开信息，必定会有更大的问题。2008年汶川地震期间的信息治理模式获得了全世界的好评，一个重要的经验值得吸取，就是政府主动地发布信息，而不是等着大家指责缺乏信息，然后出现谣言，最后再来辟谣澄清。主动发布信息，不管它是不是好消息。另外，对所有媒体开放，包

括对网络媒体、境外媒体开放。

有效信息枯竭导致认知枯竭，认知枯竭之处，恐惧必然流出。

如果讨厌这些谣言，那就用公开透明去击破谣言吧，否则就不能怪谣言。

不公开透明的恶果，往往会让很多无辜的人深陷其中，进而产生危害更大、持续更久的次生灾难。

其实，谣言本身并不可怕，谣言造成的后果才可怕。

南京大学新闻传播学院杜俊飞教授说，违背信息公开法则并加深社会危机的案例几乎遵循着同样的"五段论"：危机事件—信息不公开—谣言滋生—社会动乱、骚乱与不安定—公众对政府公信力的质疑。

有人认为，信息公开，尤其是疫情信息的公开，必须由政府掌控，否则将会引发恐慌。反对者则认为，信息的产生、公开及流动都应该由市场掌握，而不应由政府垄断信息。

诺贝尔经济学奖获得者、美国哥伦比亚大学教授斯蒂格利茨发表过一篇论文：《自由、知情权和公共话语：透明化在公共生活中的作用》。斯蒂格利茨是信息经济学的集大成者，强调信息公开的重要性。他在文中说："透明度的提高是良好治理的核心要义……保密文化好像病毒。"斯蒂格利茨认为，即使是政府搜集的信息，信息产权也归公众所有。因为政府搜集信息的成本是公众支付的，类似于政府采购办公桌椅。

2020年的新冠肺炎疫情显示出信息的公开和流动有多么重要。美国华盛顿大学的研究小组在观察流行病的传播数量与媒体报道数量之间关系的时候，建构了一个模型。这个模型显示，媒体报道量增加了10倍之后，疾病的感染数减少了33.5%。由此可以做一个有效推论，如果疫情报道得不充分，就有可能会增加这 33.5%。从这个意义上来说，信息的公开和透明不仅是一个抽象观念，也是实实在在的民生疾苦。

同时，我们还必须认识到，谣言与传言有所不同。谣言是纯粹的假信息，造谣者心怀故意甚至恶意，理当被追究责任，受到惩处；传言则是未经证实的可能含有真实信息成分的说法，无论是最初发布消息者，还是之后的口口相传者，都未必怀有多大的故意和恶意，而仅仅出于趋利避害的本能。

常识也告诉我们，非官方的信息也不一定百分百都是谣言，相反，大多数官方信息的最初来源都是民间。很多官方信息的雏形都是非官方信息，是官方对所有非官方信息筛检、过滤、查证的结果。如果不加分辨，简单地把所有非官方信息都归结为谣言，我们很可能就会犯"把洗澡水和孩子一起泼掉"的错误，特殊时刻甚至会付出高昂的代价。

武汉就是如此。

现在无论是官方还是民间，都承认并肯定李文亮医生等 8 人最初向社会吹出的"哨声"并非谣言，而是非常宝贵的"疫情预警"，在客观上保护了公众利益。这也是很多官方媒体需要民间爆料人的原因。他们 8 人发出的信息确实不太准确，但是，不准确的信息也应该受到保护。因为当时没有人能够保证信息的绝对准确、绝对正确，每个人只能根据自己掌握的有限信息，做出有限的判断。无论是媒体从业者，还是政府公务人员，都是人数有限、视角有限的，任何新闻发生地最初站着的，可能都是普通人。我们不能因为最初接触信息源头的知情人身份普通，就认定他们发出的信息都是谣言。

　　所幸的是，信息市场是一个竞争性市场，信息发出后，哪怕是失实的信息，"竞争者"便马上会跟进，在公开、怀疑、争论、调查、研究中，真相逐渐浮出水面。如"确诊或疑似'非典'病例"的信息出现后，立即会引起媒体、公众、医院、专家及政府的关注、跟进，随着各种力量的深度介入，疾控中心派专家组前往调查，可以最快速度地排除"非典"，最快速地确认"新冠肺炎"，并告知公众。

　　所以，谣言并非止于智者，而是止于信息公开，止于信息流动，止于信息竞争。

　　自媒体作者清和撰文说："在信息市场中，信息好比一个所有人都能够编辑的'云文档'，参与自由编辑的人越多，竞争越激烈，个体掌握的信息就越全面、真实、深入，能够建立理性思维及客观认知，提高信息的判断力和甄别力。所以，恐慌并非源自谣言、不实信息，而是源自信息匮乏和信任崩塌。"

【#专家说武汉被约谈的8人是可敬的#】29日晚，中国疾控中心流行病学首席科学家曾光接受鲁健专访。对于疫情初期8名武汉市民称"出现SARS"被约谈，曾光表示："这8个人是可敬的，他们是忧国忧民、有一定见解的。我作为公共卫生专家，希望同他们对话，希望从他们身上学点东西。"□CCTV4的微博视频是的，社交媒体可能会传播谣言，但正是因为在各种社交媒体渠道上呈现出的是一种意见多元的状态，这种状态有可能使得健康的意见通过观点的交锋而战胜非理性的意见，在学理上形成信息的"自我净化"。舆论无法消除不同的观点，而意见多元本身却是最安全的和谐状态，只有一种意见存在和流通，反而意味着潜在更大的不安全因素。

预警求存是亿万年演化出来的动物本能，是维持种群生存的重要天性。猴群中负责瞭望的猴子发现危险，不会先给部门领导汇报，然后再逐级上报到猴王，猴王组织各部门开会论证，研判这次来的究竟是狮子、豹子还是老虎，是公的还是母的，我们要不要上树……等讨论协调确定好了再下达逃跑命令，因为来不及，而是以最快速度通知其他猴子。如果发警报的猴子就算哪次看错了，把山猫看成豹子，也不会受罚。

在本质上，决定成败的，还是人和观念。

在依法打击网络谣言的同时，我们也应包容网上不同的声音，承认互联网的"公共空间属性"，做到体制与民意的良性互动。对于明显触犯法律法规的造谣传谣行为，需依法依规采取处置措施，让"互联网不是法外之地"这一宣言落地生根，但处置时也需注意规避过度执法或选择性执法。

同时，对于如今同样开始掌握了强大技术权力的机构，也不能简单地靠删帖了事。"一句真话的力量比整个世界都重。"让人说话，天塌不下来！网上信息反映的往往是最原生态的新舆情，其中不乏社会危机预警和风险提示。好比沸腾的水壶，听到水开的声音，及时、小心地揭开盖子就可以散热而不至于被烫伤，如果一味地捂盖子，水壶就很可能会爆炸。

李文亮医生说："一个健康的社会不该只有一种声音。"

如果把社会比做一艘巨轮，那信息透明无疑是巨轮上的雷达和瞭望塔。

疫情让每一个人、每一个家庭成为孤岛，我们不得不像诺亚一样，登上方舟，与世隔离。四面环水，我们却把周围世界看得更清楚了。这个世界不是，也不应当是"空虚混沌、渊面黑暗"的，而是"要有光"的。

这光，就是信息公开。

如武汉市中心医院艾芬医生所说："早知道这一天，老子到处说。"

如果大家都到处去说，或许就不会有这一天。

希望这一次危机能给下情上达开辟一条新通道，而不是封堵一条新通道。

自媒体人牛皮明明说："如果没有透明，最可怕的后果就是，我们就这样相互搀扶着，安慰着，调侃着，编造着各种段子、无奈的讽刺，睁眼闭眼、畏畏缩缩、战战兢兢，一起走向那个早已准备好的熔炉。当大灾大难来临时，能保住生命安全的不是金钱、地位、权力，而是靠敏锐的嗅觉提前预知风险，提前做好防备，而畅通真实的信息来源又是前提。当灾难来临时，GDP（国内生产总值）与你无关，国力与你无关，美轮美奂的城市与你无关，你需要的只是一张病床，一双抚慰的手，甚至只是怜悯的眼神。"

如果我们不能反思和铭记灾难中的惨痛教训，那么显然，我们很可能会重蹈覆辙。

|第六节| 第四原则：负责原则

有错误，就承认；有误解，就交流；有不足，就改进。

无论是企业、学校、医院……谁都可能有工作中的不完美，人们需要的，只是你拿出足够的担当。

一、特殊的潜江

2020年新冠肺炎疫情期间，作为全国抗疫中心的湖北在疫情初期因为拖延怠惰而备受指责。

然而，湖北也有一个城市显得与众不同。截至2020年2月10日24时，拥有百万人口的潜江市，确诊人数仅90人，位居湖北省倒数第二，倒数第一是人口仅7.6万的神农架林区。这与同等人口规模的黄冈、孝感两市2000多例确诊人数的规模形成了巨大的反差。在疫情严峻的湖北省，潜江市成为最亮眼的一个。

2020年2月6日，中央广播电视总台《新闻1+1》栏目中，潜江市委书记吴祖云透露出其中的秘密。

　　吴祖云说，他和市长从武汉得到消息后，觉得这个事情太大了，潜江市及时部署防疫工作。这在当时是冒着巨大的风险的：因为当时湖北省并没有明确发布关于疫情防控的信号，省会武汉市由于没有确定是否属于传染病而在迟迟观望。对于潜江市的地方主政者来说，他们本可以有很多理由不冒这个风险。

　　但他们觉得要为潜江市的百万市民负起责任，最终决定，哪怕是冒了一点风险，也要"先下手为强"。在钟南山还没赶到武汉，还没有通过中央媒体明确人传人的 1 月 17 日上午，潜江就及时收治、集中管理了 32 位因肺部感染而发热的病人，在全湖北第一时间终止了所有的娱乐活动，第一时间出台"封城"通告，包括：市域范围内实行机动车、电动车限制通行的交通管制措施；暂停祭扫活动；三天之内，一户只能派一位家庭成员采买生活物资，并告知市民在疫情防控期间待在家里，将病毒围困在最小的范围内；等等。

　　这个时间比武汉早了 6 天。

　　负起责任的结果是，潜江市的确诊人数在湖北省内排倒数第二。

　　潜江市的两位主官顶着风险，敢于承担责任，敢于有所作为，为最坏的情况做准备，才把疫情对潜江市的影响降到最低。

　　这是值得钦佩的。

　　武汉、潜江，成为此次新冠肺炎疫情防治的两面镜子。

　　面对危机是否愿意负起责任，是公众看待政府和企业最重要的标准，也是品评它们的根本标尺。

　　负责任的政府是现代政治的根本，负责任的企业是商业文明的尺度。

二、从化解危机到化危为机

危机里，只要事情发生在我的职责范围内，那么好，我把它担当起来，第一时间主动检讨自己的不足，表示愿意承担责任。

也许我们会因此支付成本，有的时候甚至要支付高昂成本，但这个有责任、有义务、有爱心、有担当的声誉和形象，我们花多少钱也买不来。

更何况，现在政府部门、企业、学校、医院等机构都面对着日益严格的问责和监督。如果这个责任真的在我们身上，面对危机，推就能推得掉吗？

既然推不掉，倒不如在危机里拿出态度，拿出行动，真正地来处理和解决。

"态度＋行动"才是最好的危机处理。

"态度＋行动"也是直面危机的负责表现。

决策者在危机和突发事件里，如果只请示，不决策，不愿承担风险，不敢有所作为，一切等待上级拍板，既贻误战机，也损害自身形象！

对待个别官员和具体个案，网络舆情更是"服软不服硬"，推脱责任、拒不承认、一味回避的态度，当事人势必被网络力量掘地三尺，乃至挖出更多的内容。此时主动承认错误、承担责任其实就是及时"止损"。如果一上来就辩解，只会惹火上身，引发更大的次生舆情。

很多政府部门和企业等机构，遇到危机事件以后的第一反应，便是马上把责任甩出去，找各种理由推卸。谁的问题都有，就是没有我的问题。而一起又一起危机事件的最终结局早已经证明，到最后责任非但推卸不掉，反而让自己掉进更深的"舆论陷阱"。

危机中，哪怕自身没有直接责任，也应表示同情与关切，也要采取一种宽容的态度，这样才能获得媒体的认可，最起码是媒体的不反感，让媒体没有炒作、煽情的材料。

无论责任最终由谁承担，当事人都要以一种勇于负责的姿态出现在公众面前。

当然，勇于担当，负起责任，说起来容易做起来难，有的时候意味着要冒风险，要付出真金白银。这就看我们要的是眼前的利益，还是长远的利益。

其实，有些舆情危机事件的解决，在笔者看来，甚至都不需要行动，也不需要付出成本，有些时候它就是面对舆论认个错，表个态，体现一下负责和担当的事。但就这一点，有些机构也做不到。

2011年，故宫在号称严密的安防条件之下，竟然钻进一个小毛贼，不但钻进去了，还把文物偷了。后来这个人很快被北京警方抓到了，于是故宫有关部门给北京警方送去一面锦旗，锦旗上写着："撼祖国强盛，卫京都泰安。"

照片发表以后，细心的网友发现，这个"撼"字写错了，应该是捍卫的"捍"，故宫写成撼动的"撼"了。

"故宫出错别字啦！"

网友纷纷要求故宫就这起"别字门"道歉，但故宫就不道歉，非但不道歉，还百般否认，甚至引经据典："撼"字没错，非但没错，还显得厚重，如同"撼山易，撼解放军难"的"撼"字一样。

这种狡辩就说不过去了，还把自己搅进了舆论的旋涡。对此，国家语委语言文字应用研究所研究员厉兵表示：对故宫锦旗上使用

"撼"字感到不解。"撼"是摇动和晃动的意思，"撼解放军难"这句话是指动摇解放军很难。而放到"撼祖国强盛"这里，应该用"捍"，捍卫的意思。

其实，这明明就是一个错别字，因为这锦旗是故宫保卫部门送的，保卫部门的工作人员也不是什么文字方面的专家学者，出个错别字也不是不可能。故宫道个歉，花200块钱再做一面新的锦旗送过去不就完了嘛！这么做，还显示出故宫作为一个文化单位，从谏如流，如此谦虚和谨慎。

中央电视台曾经报道过发生在香港旅游界知名的"恶女珍"事件。

【新闻】中央电视台《零团费：不是馅饼是陷阱》

香港导游李巧珍："希望我们内地的同胞原谅我，我说一声非常抱歉，对不起。"

李巧珍，香港导游，为了找到她，近两周，媒体记者多方寻觅，数不清的网友也在虚拟世界对她展开人肉搜索，集体声讨。而点燃公众愤怒情绪的，是这段拍摄于今年3月份的视频。

香港导游李巧珍："现在是你们欠着我，不是我欠着你。我给你吃给你住，但是你们不付出，你这辈子不还，下辈子也会还出来，人就是这样子的，你花一点钱开心一下有什么所谓呢？"

车内，导游阿珍面对的是一个内地旅行团，来自安徽，今年3月25日抵达香港。事发当天，导游把游客分成两组去买珠宝，阿珍所带的24名男性团员在珠宝店消费了13000元。这让该导游感觉颜面尽失，因为另一个女性团队在珠宝首饰卖场消费了十几万元。相对于阿珍的滔滔不绝，24名游客鸦雀无声。阿珍警告游客，下一站到手表店要多买点，否则没有饭吃，没有酒店住。

香港导游李巧珍："你不要害我，你不帮我也可以，我觉得你不要来害我，对不对，珠宝店我是没脸走出来，两个团队，人家经理说怎么相差这么远，我们连人家一个零头都凑不出来。"

后经媒体报道，在香港的两天里，这个53人组成的旅行团总共花去40多万元，大部分都是用于购买黄金和珠宝首饰。7月16日，手机视频在香港和内地多家媒体播出，最先出现面对内地游客道歉的，是香港旅游发展局主席田北俊。

香港旅游发展局主席田北俊："我觉得不单是因为我是旅游发展局的主席，作为一个香港人，（我）也是很失望的，觉得我们香港的城市形象是受到很大损害的。"

最后，导游阿珍所属的金凯国际旅游声称永不录用她，并承诺免费接待受辱骂的旅客到香港旅游。

金凯国际旅游副总崔锦铭："我对这个导游的表现非常失望，管理层开过会了，决定以后都不会再录用这个导游，如果查明这件事是我们公司违规的话，公司还愿意接受任何的处分。"

这个"恶女珍"事件在当时的负面影响也不小，但是这件事出现以后，无论是香港的管理方旅游发展局，还是事件的当事方金凯旅行社，都没有推脱责任，而是主动站出来担当责任，迅速道歉，解雇导游，承诺每一位受到辱骂的内地游客：我们接你来香港，免费再玩一次。

那么，到目前为止，还有多少人记得这个事呢？就算有印象，那还有多少人能说出当年出了问题、被曝光的这家企业的名字呢？

都没有，因为这个负面新闻并没有引发太持久的舆情反响，而是很快就平息下去了。为什么？因为每一方都承担起了它们应该承担的责任。

笔者曾经在网上看到这样一则新闻：四川某地，有一位市民去当地公安局办事，发现值班民警上班时间在办公室里看电视剧，于是这位市民拿手机拍照，把这事发微博捅出去了。

接着自然是媒体采访，公众质疑，于是公安局出来解释。

公安局怎么解释的呢？公安局说我们值班民警上班期间在办公室里确实是看了电视剧，但我们警察看的是——破案的电视剧。

上班看电视成业务学习了。

当时笔者就想，有点担当好不好？负点责任好不好？

如果我们是当地公安局领导，该怎么回应这一起舆情风波呢？

很简单。看了就是看了，上班看电视也不是什么大事儿，就是坦坦荡荡承认：第一，电视剧，我们看了；第二，上班看电视剧是不对的；第三，我们已经对上班看电视剧的民警进行了严肃的批评教育和警告；第四，上班看电视剧的民警表示自己错了，今后再也不看了；第五，我们还将发放更多的警民联络卡，聘请更多的警风监督员，请大家监督我们的警风建设，不单是上班看电视剧，方方面面、各种各样不符合规章制度的行为，欢迎大家向我们举报，让我们警民联手，把我们的警风建设好。谢谢大家！

这事不就过去了嘛！

人非圣贤，没有人要求政府和企业永远不出错；公职人员和企业管理者也是人，是人就有缺点，但是危机里要让公众看到明确的态度——我们知道错了，并愿意为此负责。

2011年，四川凉山自治州会理县发生了一起领导干部悬浮照的事件。

会理县三位县领导下基层检查工作，现场照片发在县政府的网站上。细心的网友发现，这三位县领导的身体是悬在路面上，飞在半空中。

这照片一看就是电脑合成出来的，于是全国网友对这三位县领导展开了一番又一番的恶搞，把他们仨的形象复制到了世界各地。

但是我们看到会理县处置这起突发事件的表现却是非常成熟与老到。会理县怎么处理的呢？第一，向全国网友真诚道歉；第二，感谢全国网友让我们三位县领导到世界各国免费旅游了一趟，现在我们已经平安归来；第三，我们将以此为契机，举办一场修图大赛，请各位网友把你满意的作品发给我们，我们请专家评出一、二、三等奖；第四，我们的照片虽然是假的，但是我们的山水可是真的，我们会理县是山清水秀的地方，是旅游资源丰富的地方，是古代南方丝绸之路经过的地方，欢迎大家到我们会理县来旅游！

坏事变好事。过去知道四川会理的人不多，但是因为这起"领导干部悬浮照"的负面新闻以及他们的成功处置，会理得以名扬天下。

很快，一些团购网站和旅行社已经开始推荐会理的旅游套票了。

"危机＝危险＋机会"。危险到了，机会也到了，就看我们能不能化解危机，甚至能不能化危为机。

其实，危机处理也没有那么难。负起责任，勇于担当，拿出态度和行动就够了。

2012 年 7 月 9 日下午，因为系统故障，国航在其官方网站上销售的部分机票价格意外地显示为 0 元，而不少旅客也在此期间以 0 元的价格购得了机票。很快，国航承诺将对 0 元机票进行兑现，国航因此造成损失达数十万元。

【新闻】中央电视台《履行承诺，系统故障国航买单》

9日下午5点，国航售票系统出现故障，导致国航官方网站销售的莫斯科到北京航线显示0元票价。工作人员立刻开始对故障进行排查，而在排查过程中，又陆续有部分欧洲航线和东南亚航线的票价显示为0元。之后，尽管国航对相关网页采取屏蔽处理，但是直到11日凌晨，网站的销售功能才恢复正常。尽管遭受损失，但国航最后决定，系统故障期间以0元票价成功出票的旅客，可以持国航网站自动发送的出票确认信息为凭证，按照出行时间正常到机场办理值机手续；而对于在网上仅支付了税费，但未出票的旅客，国航将为其办理税费的退款手续，之后以正常票价为旅客重新出票。

国航电子商务部负责人胡法进："旅客他既然已经出票，那就意味着我们航空公司跟他之间已经确立了一个服务的关系，所以我们认为即便是0元，我们现在也认为机票是有效的。"

截至目前，国航已经和58名购得0元机票并出票的旅客进行了确认，保证他们可以顺利出行。

这则电视新闻的时长约是90秒，当时在中央电视台新闻频道播出。中央电视台新闻频道的新闻常常是滚动播出的，一条有新闻价值的新闻一天下来可以滚动播出多次。花几十万元在中央电视台做这样大的一个形象广告，这买卖值还是不值？

超值！

三、海底捞怎么做的？

在中国企业界，海底捞——这家门店遍布全国很多城市的餐饮企业近年来危机不断，却总能迅速跳出舆论陷阱，实现神奇逆转。

早在 2011 年，海底捞就被青岛一家媒体曝出其骨头汤系勾兑而成，而并非是人们想象的现场熬制。事件引起广泛关注，中央电视台《新闻周刊》栏目也以"勾兑的餐饮"为题进行了后续报道。

【新闻】中央电视台《新闻周刊——勾兑的餐饮》

主持人："好像从几年前开始，我周围的很多同事朋友都流行互相推荐去海底捞吃饭，除了味道好以外呢，大家津津乐道的是海底捞的服务，而前不久网络上也流行着各种关于'人类已经不能阻止海底捞'这样的段子，说的都是顾客在海底捞吃饭可以享受到各种各样的超常规服务。但是这个被称为'火锅神话'的火锅店本周被拉下了神坛，而把它拉下来的是一篇新闻报道，题目是《记者卧底打工海底捞，骨头汤和饮料是兑的》。《新闻周刊》本期视点，我们就来关注这场由勾兑引发的风波。

一篇来自青岛某家媒体的记者报道，让知名连锁火锅海底捞也遭遇诚信危机。

顾客："听说骨头汤是兑的，是添加的，我想相关部门应该去了解。"

虽然勾兑的报道没有影响食客们的兴致，但对骨头汤以及柠檬水饮料系勾兑而成的质疑，海底捞本周已致歉解释，承认勾兑属实，但也强调，从未以任何形式宣传过骨头汤系现场熬制，他们还邀请顾客到后厨参观，一锅让海底捞陷入勾兑风波的骨头汤究竟是如何出炉的。

海底捞厨师："1500 克的骨汤膏兑 150 公斤水，就是兑 300 斤水，后面有一个电机自动配料箱，里面装满水，按照这个配比，直接稀释成高汤就行。"

而分装在塑料袋中的黄色膏状物体就是骨头汤的制作原料，不再是传统的大锅熬制，而是自动化的操作流程，只要按照预设的调配比例，分装好的每袋 1500 克的骨汤膏可调制出 75 个骨汤锅底。

海底捞食品安全主管闫建秀："这个就是厂家直供给我们海底捞的火锅骨汤膏，按照国家的规定，它的配料、规格、净重、生产日期、批次、保质期，包括产品的执行标准、生产许可证、生产地址都是完整的。"

从外包装标签可以看到，骨汤膏由华都食品有限公司生产，而配料一栏上，标注成分为水、鸡骨、猪骨、食盐，并未出现公众最担心的添加剂。

海底捞食品安全主管闫建秀："这样做可以保证我们每一家分店都保持一个风味。（对于）柠檬固体饮料，我们现在也是由厂家直接供货的，现在我们也把它送到第三方检测机构去检测。我们现在把我们所有产品的证件全部放在门店的吧台，顾客如果有不清楚的，都可以随时到门店吧台去查询。"

就这样，勾兑风波就像海底捞火锅飘出的热气一样，消散得无影无踪。

2017 年 8 月，海底捞风波又起。8 月 25 日 11 时，《法制日报》曝出海底捞在北京的门店存在后厨有老鼠、用洗餐具的水池洗拖布等卫生安全问题。

8 月 25 日 14 时，海底捞在事发 3 小时后迅速在官方微博作出回应，承认报道属实并向公众致歉；20 分钟以后，海底捞公布 7 条具体处理方案。

海底捞表态说："这次海底捞出现老鼠以及暴露出来的其他卫生清洁方面的问题，让我们感到非常难过和痛心，媒体朋友也为我们提供了照片，这让我们十分惭愧和自责，我们感谢媒体和顾客帮助我们发现了这些问题。感谢社会各界对海底捞的关心和监督。"

同时，海底捞不但把出现问题的门店名称、地址对外公开，也公布了如下整改方案：

（1）涉事门店停业整改、全面彻查，聘请第三方公司对各卫生死角排查除鼠；（负责人：公司副总经理谢英）

（2）组织所有门店立即排查，并向主管部门汇报。配合政府监管，做到明厨亮灶，监控设备硬件升级，实现网络化监控；（负责人：公司总经理杨晓丽）

（3）欢迎顾客、媒体和管理部门到海底捞门店进行检查监督，并对我们的工作提出修改意见；（负责人：公司副总经理杨斌；联系电话：400910****）

（4）迅速与第三方虫害治理公司从新技术运用以及门店设计等方向研究整改措施；（负责人：公司董事施永宏）

（5）海外门店依据当地法律法规，同步进行严查整改。（负责人：公司董事苟轶群、袁华强）

最后，海底捞强调："我们感谢媒体和公众对海底捞火锅的监督，并指出了我们工作上的漏洞，这暴露出我们的管理出现了问题。我们愿意承担相应的经济责任和法律责任。涉事两家门店的干部和员工无须恐慌，该类事件的发生，更多的是公司深层次的管理问题，主要责任由公司董事会承担。"

责任我负，损失我出，员工我养！

没有把板子只打在员工屁股上，更没有推给临时工，而是主动把问题上升为公司管理层面，企业的责任与担当正面凸显。

至此，海底捞口碑触底反弹，网友纷纷表示"原谅""路转粉"。从"美誉高峰"到"风评低谷"，再到"舆情逆袭"，海底捞做出了"教科书般"的危机公关。

在中国企业界，海底捞是一个神奇的存在。它几乎年年出事，但是每一次它都能化险为夷，平安过关。

为什么？海底捞如何做到舆情逆袭？

及时坦承，透明负责，如此而已。

—

第三章

危机处理的应对技巧

|第一节| **事实与情感**

有时候，事实其实是次要的，因为事实与情感、人的价值不可同日而语。把人性化放在第一位，让民众感受到关心，让他知道你对他的不幸、痛苦感同身受。

一、事实层面与价值层面

2020 年，在疫情中召开的全国两会，无论是人大还是政协会议的开幕式上，全体与会的人大代表和政协委员都向在新冠肺炎疫情中逝世的同胞起立默哀。

其实，在这次新冠肺炎疫情中，这已经不是我们第一次向逝世同胞悼念。

2020 年 2 月 20 日，国新办 ① 在武汉举行新闻发布会。发布会一开始，中央指导组成员、国务院原副秘书长丁向阳首先说："我尤其要再次感谢一线的医务工作者，他们夜以继日，连续奋战。一些医务人员不幸被病毒感染，有的献出了美丽的生命，体现了大爱无疆、医者仁心的崇高精神。在这里我代表指导组，对一直奉献在一线的同志们致以崇高的敬意，对英勇牺牲的医务人员和不幸去世的患者表示深切的哀悼。"

全体起立，默哀。

这是一场灾难中，面对死难者的应有之义。

危机中，不断地表达对受害者/当事人/老百姓/消费者的同情、重视与关心，在整个危机处理和舆论引导中是非常重要的。

可能有人会觉得奇怪，我们全力去解决危机就是了，忙还忙不过来，表达同情、重视、关心有那么重要吗？

西方传播学界有一种观点，认为在危机里不断表达对受害者/

---

① "中华人民共和国国务院新闻办公室"的简称，也称"国务院新闻办"。

当事人 / 老百姓 / 消费者的同情、重视、关心，在整个危机处理和舆论引导的技巧当中，这一技巧的重要性大概占到 75% 的比例。笔者不敢讲这个比例完全准确，但由此可见，危机里不断表达同情、重视、关心有多么重要。

中国人民大学新闻学院执行院长胡百精教授认为，一起危机事件爆发以后，它会迅速在政府、企业的心目中与公众的心目中，产生两个层面的追求。

对政府或者企业来说，容易产生一个叫作"事实层面"的追求。就是政府、企业总想还原现场，还原事实，还原真相，总想搞清楚到底什么原因引发这个事件？现场发生了什么导致这场冲突？这也是政府和企业的工作职责。

但是在受害者 / 当事人 / 老百姓的心中，容易产生一个叫作"价值层面"的追求。什么叫价值层面的追求？就是受害者 / 当事人 / 消费者会认为，政府也好，企业也好，医院也好，每一个拥有权力、资源的部门 / 单位，你是否在乎我？是否把我的利益放在政府管理的最高地位来看待，放在企业经营的重要目标来追求，放在医院救死扶伤的宗旨来践行？围观的普通网友也会在别人的经历中产生一种强烈的代入感，进而共同产生一个价值层面的诉求。

而事实与价值这两个层面之间是有隔阂的。

举个最简单的例子——两口子吵架。

两口子吵架的时候，你会发现男方经常喜欢还原事实。男方总是喜欢不停地解释："当时是因为你那么说……我这么说……然后你又那么说……我接着这么说……后来你非得那么说……我最后只好这么说……当时因为……现场特殊的情况，所以我才对你发了脾气。"

而吵架的女方一般会怎么说呢？太太会说："是这么回事吗？

你当时为什么冲我发脾气？就是因为，你不爱我！"

你看，女方马上把这个事给你上升到价值层面，而只要女方把这个事上升到爱不爱、关心不关心、在乎不在乎这个价值层面，一直还原事实的男方，立刻一败涂地。

表达同情、重视、关心，就是在价值层面上给危机里的公众更多的认可、心理上的疏导，特别是在舆情上形成对政府、企业有利的态势。

人们总是喜欢能打动人的新闻，有时候更甚于符合事实真相的新闻。

危机发生后，政府和企业这类机构往往注重于撇清关系、力争清白的"事实对话"，一上来就是"网友以讹传讹，市民不明真相，消息纯属谣传，经调查，事实真相是……"而轻视情感沟通的价值对话，轻视了寻求与公众在价值上的认同。

相比事实，公众更期待价值。故而在危机处理和舆论引导时，这两个层面必须同时进行：事实沟通澄清真相，情感沟通取得价值同构。偏执于事实的澄清，却轻视情绪的安抚，可能激起公众情绪进一步的对抗。

二、《香港家书》与"武汉发布"

曾有位政府领导干部和笔者探讨："栾老师，我们那里遇到一件事，这件事的发生确实是因为我们的工作做得不到位，我承认。所以我们认错了，道歉了，整改了，处理了，该做的全做了。但为什么还要表达对当事人／老百姓的同情、重视、关心呢？我们已经做了那么多，老百姓就看不见，就不知道吗？"

是啊，难道他们就不知道吗？

笔者只好对这位干部说："他们不知道。"

他们真的不知道。不要以为政府、企业做了，老百姓/消费者就能感受得到，甚至还要感恩你。要亲口、反复把我们的同情、重视、关心说出来。

为什么这么讲？

2008年汶川地震的时候，很多人都听过一个非常感人的故事：当房子要塌下来的时候，一位年轻的母亲，她四肢撑在地上，用自己的身体给孩子撑起一方安全的空间。当救援队赶到的时候，这位母亲已经不幸死去了，但是她身子下面3个月大的孩子平安无恙。人们在孩子的小被子里找到一个手机，这位母亲临死之前给孩子写下一条短信："亲爱的宝贝，如果你能活着出去，你要记住，我爱你！"

我们为这位母亲感动、流泪，也记住了曾经有过一位这样的母亲。

但是我们也知道，汶川地震当中有很多父母为救自己的孩子失去了生命，那么你能说，另外那些为救自己孩子而失去生命的父母，他们对于孩子的爱就比这位母亲少吗？

你当然不能这么讲。

但是为什么只有这位母亲让我们印象最深？让我们直到今天，汶川地震过去十多年了，还记得她？

因为她把对孩子的爱说出来了，表达出来了。

所以一定要亲口、反复把我们同情、重视、关心说出来，把对人的价值的尊重说出来，表现出来。

2019年3月21日，江苏盐城市响水县陈家港镇化工园区发生爆炸事故。当时笔者正在看新闻。新闻里说什么呢？爆炸发生以后，国家应急部立即响应；江苏省马上派出医疗队；消防官兵飞速赶往火场；当地党政干部马上奔赴现场指挥救灾……

不管怎么说，死了那么多人——78个人，每一个人都有家人。当地政府和涉事企业在做上述这些工作的同时，能不能同步表达出对这些死者以及他们家属的同情、重视、关心和难过？

不要老是急吼吼地忙着把悲剧变正剧。悲剧就是悲剧，因为逝去的生命再也回不来了。

2010年8月23日，香港旅行团一行20多人在菲律宾马尼拉被枪手劫持，多名港人无辜被杀、多人受伤。8月28日，时任香港特首的曾荫权在香港电台发表了《香港家书》。

各位市民：

过去几天，对香港来说，充满了震惊、哀伤、愤怒和不解，但同时亦充满了爱心、关怀、互助和无私奉献的人性光辉。

星期一在马尼拉发生的枪手胁持人质事件，导致8名港人死亡，7人受伤。很多市民透过电视直播目睹事发经过，都忍不住流泪，甚至彻夜难眠。一夜之间，太太失去丈夫，子女失去父母，白发人送黑发人……我们原本和这些家庭素不相识，但今日却好像亲人一样。他们的哀痛，我们感同身受；他们的泪水，刺痛我们每一个人的心。

我会担心，失去丈夫和女儿的梁太，失去儿子的谢生谢太，失去父亲的傅氏一家人，怎样才能抚平那么大的创伤呢？我亦会挂念，绰瑶和政逸失去双亲，日后漫长的成长路如何走下去呢？其他生还者的心理创伤什么时候才会平复呢？……

保安局黎栋国副局长日前到马尼拉安排死伤者返港，连日奔波劳碌。令我最难忘的一个片段就是他亲身探望梁太，搭着她的肩膀，安慰她，和她一齐难过，亲身送上关怀和慰问。

我相信苦难可以将人联系在一起，透过感受别人的苦难，同声哀哭，互相扶持，可以稍稍缓和他们的痛苦，给他们一些盼望。正因如此，我们设立网上平台和18区吊唁点，又在前日进行全港默哀，让市民可以联结在一起，表达哀痛，遥寄思念。我见到市民当日在街上，在车上，甚至在餐厅酒楼默默悼念。这些温情暖意，我相信家属和伤者是感受得到的。

在这里，我呼吁各位特别关心仍然昏迷未醒的梁颂学（Jason）的情况。他是梁太唯一生还的孩子，我衷心祝愿他早日康复。

这次事件亦再次提醒我们生命无常。我们实在应该好好关心家人、朋友，珍惜眼前人。

沉痛悼念死难者之余，政府各方面的支援工作仍会加紧落实。我们会密切跟进家属和伤者在生活及心理上的各种需要，尽力给予帮助……

而在新冠肺炎疫情期间，2020年2月24日晚11点，武汉市官微"武汉发布"却发布了这样一则微博：

只有学会放下，才能拥有新的幸福。人生在世，难免有得有失，不可能事事尽如人意，但我们可以学着去笑对和化解。武汉加油！

2月24日是什么时间？

根据国家卫健委的数据，2月23日0时到24时，武汉市新增确诊病例348例，新增死亡病例131例，现有确诊病例35674

例，重症病例 8329 例，累计死亡病例 1987 例，累计确诊病例 46607 例……

这正是疫情相当严重的时候，是每天都有新确诊病例的时候，是每天都有患者死亡的时候，是死者的家属还没有领回他们骨灰的时候，是他们还没有入土为安的时候……怎么能要求武汉人学会放下呢？

只有时间能让他们放下。

谁都知道人生不如意事十之八九，但当时的武汉需要的不是放下，不是笑对和化解，而是需要关怀、同情，需要感同身受和守望相助，需要和他们在一起肝胆相照，长歌当哭。

新冠肺炎疫情期间，一名叫肖贤友的武汉市民因感染新冠肺炎不幸去世，临终之前，他写下自己的遗嘱，从字迹上可以辨别，这个遗嘱一定是他用尽最后一点力气写的，歪歪扭扭，就像他早已散架的身体。

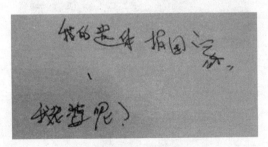

"我的遗体捐国家。我老婆呢？"

看到第一句话，笔者知道他是一个有责任感的好公民。而看到第二句话的时候，他在笔者的心里树起一座丰碑。

"我老婆呢"这四个字足够让人痛心，它带来的震撼程度比前几个字更大。

然而这份让人感动的遗嘱在报道的时候，报社只选用了前半句，却把后半句删去了，这让该篇报道少了人情味。

2010年的《香港家书》与2020年武汉的"学会放下"，我们在这方面还有很长的路要走。

不怪情绪疯传，怪情感缺位，灾难事件的处理一定要有人文关怀。

美国"9·11"事件中一位记者写道："纽约市长朱利安尼看起来疲惫不堪，面容憔悴，就好像一夜之间老了许多，不过这些让他看起来更有人情味。"

朱利安尼自己也亲口对媒体说："哪怕死了一个人，都让我们的情感无法接受。"

表现出对灾难中人的同情、重视、关心，是危机处理最重要的底色。

更何况，互联网永远是弱者的主场。

三、成都市卫生局与山东理工大学

在四川成都，曾有一位叫"来来回回"的网友在网上晒出了一张图，旁边写着"看看我的肥料啊，高蛋白的营养品哦"，人们一看，他用来浇兰花的肥料，竟然是一袋出自于成都市血液中心，尚在保质期内的 150 毫升血浆。

　　网友立时愤怒了。很多人都是无偿献血的,我们无偿献出的鲜血竟成为你们个别人浇花的肥料。成都市卫生局马上针对此事展开调查,成都市卫生局宣传处甄处长接受了中央电视台记者采访。

【新闻】《中央电视台——血浆浇花,成都卫生局公布调查结果》

　　在这里还要继续澄清一个错误的概念,就是其实不管什么样的血液,浇兰花都是起不了作用的,因为它的根根本是无法吸收的。在事件发生以后,成都市血液中心在第一时间就将此事上报成都市卫生局,记者日前从成都市卫生局了解到,血浆浇花事件现在已经有了初步的调查结果。

　　成都市卫生局宣传处甄处长:"因为这件事影响太坏了,老百姓在网上或者市民反映中是觉得我们输血中心的人员擅自利用职权,把这个血浆拿来浇花,这肯定是很愤恨的,是吧?这个事情我觉得是个案,已经转发到基层医疗单位,单位在做报废处理的环节上没有按照我们的程序来办,所以要强调这个。"

　　接受采访的甄处长说,现在正值甲流来袭,库存血本来就频频告急,而出了这件事,她最担心的就是老百姓对血液中心失去了信任。

　　成都市卫生局宣传处甄处长:"这个经调查,是(发生)在本地的一个工矿医院,血液科的一个值班人员擅自认为血液血浆里面有絮状物,做了一个报废处理,他没有破袋,而是擅自给了他们科室的另外一个人,这个人又给了他的一个朋友。"

　　甄处长说,这袋血浆从工矿医院的血液科到网友手上,中间共有两位医务人员经手,现在卫生局已经对这两位医务人员以及该医院血液科的负责人进行了严肃处理：擅自做主判定这袋血浆报废的医生已经被解除了劳动合同；科主任被免职；把这袋血浆给网友的医务人员也被处罚留用察看。

成都市卫生局宣传处甄处长："这个处理血浆是有严格规定的，报废的血液要经过严格的审核，回收处理、交接等每一个过程均要签字才能生效。审核同意签字以后，确认报废以后，应该把它破袋，就是把血浆袋铰破，经过高压消毒，然后再送特殊垃圾厂焚烧处理，每个环节都非常严格。"

甄处长表示说这件事还要继续调查，珍贵的血浆是怎么报废的，这件事一定给大家一个交代。

成都市卫生局宣传处甄处长："希望老百姓放心，我们一定会把这个事情办好。因为我们经历了汶川地震，这么大的灾难，这么大的献血量，这么大的用血量，我们都没有出现问题，在这个时候，希望大家相信我们有能力把这个管好，也希望不要影响献血工作。"

卫生局甄处长一开口并没有急于说明他们通过调查得出的事实和后续处理，而是首先在价值层面上认可了公众对于此事的愤怒和不安，承认大家的不满是有道理的，表明管理部门和老百姓是坚决站在一起的，顺应了社会舆论和网民心理。然后才开始一步一步地说明事实真相和调查结果。事实说清楚了就结束和网民的沟通吗？没有，而是通过唤起汶川抗震的集体记忆，呼吁不要因为个案而影响献血工作，并通过对管好今后的献血工作做出郑重承诺的方式，再回到希望大家一起坚守的价值层面。

首先强调我们拥有共同的价值观，然后讲述事实层面的信息，最后再回到共同的价值观。

从价值—事实—重回价值，形成一个闭环，才更有说服力。

2020 年上半年，山东姑娘陈春秀高考考入山东理工大学却被顶替的事件闹得沸沸扬扬。山东理工大学陆续发了多份通报、声明，但对当年本该入读山东理工大学的陈春秀没有一句道歉。

后来的调查结果显示，当时顶替者材料不全，全凭山东理工大学教务处处长助理协调，加之未做实质性审核，这才顺利入学。学校有错，没得说。因为自身原因造成别人损失甚至命运的改变，道歉是基本常识吧？要觉得这是招生部门的责任，错不在己，那总不至于吝啬表达对陈春秀遭遇的同情和难过吧？

山东理工大学完美避开了这些，既没道歉，也无遗憾。

就在此事爆出后，山东理工大学就注销了顶替者的学籍，却全然没有提到陈春秀，好像只要抹掉过往，这事儿就过去了。当陈春秀个人向学校表达了想重新上学的意愿时，也被学校以"没有先例"一口回绝。

为此，学校愣是在网上挨了好多天的骂。几天之后，山东理工大学终于发布官微，表示愿意"努力帮助其实现愿望"。尽管这则微博获得了十万多点赞，很多人读罢依然觉得如鲠在喉。开口"陈春秀女士"，闭口"高度重视"，读不出同情，读不出共情，读不出一所大学的人文关怀。

四、危机中与公众沟通的艺术

其实，舆论引导说白了就是危机中与公众沟通的艺术。这一点无论是在政府治理还是企业经营等方面，都是相通的。

在纽约东北部的萨拉纳克湖畔，长眠着医学博士特鲁多医生，他的墓碑上刻着一句著名的话："有时能治愈，经常去帮助，总是在安慰。"一位医学博士曾经对笔者讲："医学发现的人类疾病有5000多种，医学能够治愈，而且保证不会再复发的，严格地说只有50多种。医学有着巨大的局限性。坦率地说，我们医生连感冒都治不了。"所以他们能做的是什么呢？不过就是"有时能治愈，经常去帮助，总是在安慰"，不断地表达出对患者的同情、重视、关心。所以为什么有人说医患关系不好？笔者认为，其中一个重要原因就在于因种种现实原因，在整个医疗行为当中，关心、帮助、安慰的成分变少了，只剩治疗——检查、开药，检查、开药……

当然，很多人也在努力。

比如，过去我们看到医生出门诊戴白帽子，做手术戴蓝帽子，但是记者在北京协和医院采访时发现，这个医院的医生护士们纷纷戴上了上面印满小猫、小狗、小兔子的花帽子。

【新闻】中央电视台《面对面——医患之痛》

应该如何从根本上解决医患冲突呢？从一个医生的角度，并不能得出全面的答案，但是在对黄宇光的采访中，我们也明显感受到其中可喜的变化，包括他们戴的工作帽。

记者："这个帽子是给你同事看的，还是说给等待麻醉的病人看的？"

北京协和医院麻醉科主任黄宇光："包括病人。我们和病人交流的过程中就发现，病人对进入手术间是非常恐惧的。真正到做手术，麻醉了，他反而没事了。就是病人家属把他推进来，在手术室等候区，那段时间病人是最紧张的，因为他很快就无助了，就要被推向手术台被麻醉，被手术，所以很多病人在最后跟我们交流的过程当中，就说躺在那儿的时候是最恐怖的。所以我们的医护人员戴着各式各样的花帽子，在病人的身边，给他们的感觉不是那种冷冰冰的，很恐怖的景象，而是带有人文关怀这样的一些特征。"

记者："这种蓝帽子、白帽子变成花帽子，它能够改变的是什么？"

黄宇光："我想改变的是我们内心的一种理念和文化。"

记者："这话怎么讲？"

黄宇光："我们现在从内心的深处，呼唤一种关爱，一种人文。因为我觉得我们医护人员服务的对象和其他的专业人员不同的是什么呢？我们面对的是活生生的人，面对的是我们的患者，而他们需要的不仅仅是冷冰冰的医疗服务，更重要的是我们医护人员内心的关照、呵护，重视他们，尊重他们。"

正如一位医生所说：医学是有温度的。

企业管理上也是如此。2014 年 11 月 10 日，南航 CZ3739 航班在空中发生发动机故障，机舱里传来巨大的异响和强烈的颠簸。就在旅客惊慌失措的时候，广播里传来机长淡定的声音："本人经过严格的训练，有能力控制好状况，有能力将大家安全送回地面。"然而根据中央电视台的报道，这架飞机在广州白云机场平安降落以后，在乘客们怀着对机长等机组成员的感激走出客舱以后，地面人员的表现却让乘客大失所望。

【新闻】中央电视台《新闻周刊——南航机长》

21 点 40 分，南航 CZ3739 航班平稳地降落在广州白云机场，200 多名乘客结束了空中近 30 分钟的惊魂时刻。

南航 CZ3739 航班乘客尹女士："我们一直在搜寻机长，是想对他表示一种感谢吧。我觉得他在最后的时候给我们心里增添了很多力量。"

记者："他的名字你知道吗？"

南航 CZ3739 航班乘客张先生："不知道。"

记者："叫贺中平。"

南航 CZ3739 航班乘客张先生："贺中平，我会记住这个名字。"

南航 CZ3739 航班机长贺中平："因为等停下来，我忙完再出来的时候，旅客们都已经开始拿行李下飞机了。广播的内容其实要更正一下。"

贺中平说，实际上，乘客们听到的那番话不是他本人的声音，而是他告诉副驾驶进行广播的。然而，怀着感激机长、感谢机组的心，回到地面的乘客却在广州机场遇到了一群极不专业的地勤。被安排在候机楼后，不仅没人告诉大家下一步该做什么，更没有任何人出面安抚一下这些惊魂未定的乘客。

南航 CZ3739 航班乘客尹女士："有的妈妈带着孩子，紧张得浑身发抖。还有很多老人和孩子，很无助地就坐在那里。"

南航 CZ3739 航班乘客张先生："就是感觉他们在一波一波不停地换人，然后要不来了以后就问'哎呀，出什么事了？'相比机组的话，地面就没有那么专业了，甚至会让乘客非常愤怒。"

等待了近 5 个小时以后，部分乘客乘坐南航重新安排的飞机从广州飞回北京，而另一部分乘客则是在第二天分乘不同的航班回到北京。5 天过去了，空中惊魂的阴影在渐渐淡去，但在等待、转机过程中的各种冷漠对待，却依然让人记忆犹新。

南航 CZ3739 航班乘客尹女士："我觉得他们的应急处理几乎是没有。"

南航 CZ3739 航班乘客张先生："对于地勤的那种不专业，我希望他们能有一个说法，不管是道歉还是怎样。"

地勤的轻慢、无视与冷漠，让机长等机组成员的努力几乎化为乌有。

有学生曾经问被《时代》杂志称为"世界祖母"的美国著名人类学家、美国自然历史博物馆馆长玛格丽特·米德教授："您认为人类文明最早的标志是什么？"

很多学生认为答案可能是火的使用、工具的发明，乃至语言的出现、城邦的形成……

玛格丽特·米德

米德回答："人类文明最初的标志，是一根我们在 15 000 年前的考古遗址中发现的折断后又愈合的肱骨。"她进一步解释说，骨折在动物界是一件极其危险的事，往往意味着死亡，因为骨折后它无法逃避危险，不能去河边喝水或狩猎，很快会被四处游荡的野兽吃掉。而愈合的人类肱骨则表明，有人花了很长时间来照料他，给他处理伤口，给他提供食物和水，并保护他不受攻击。"

最后，米德意味深长地说："这标志着原始人类开始懂得同情，而同情与关怀正是文明与野蛮之间最根本的区别。"

从这个意义上讲，怜悯关心、守望相助是人类文明的起源。

1953 年建立在耶路撒冷的以色列犹太人大屠杀纪念馆，用于纪念在第二次世界大战中被纳粹屠杀的六百万犹太人。那是一个巨大的圆锥形建筑，贴满了死难者的遗像。

一位波兰农民的话被镌刻在一面墙上。"二战"中，这位农民在自己家的地窖里藏了一名犹太人。战后，他作为英雄被请到耶路撒冷。人们问他为什么要冒着生命危险保护一个素不相识的犹太人，他回答说："我不知道犹太人是什么，但我知道，人是什么。"

|第二节| 主动发布、持续发布、全媒体发布

主动发布和被逼到墙角不得不说，给人的印象是不一样的。

先发制人和受制于人，你应该选择前者。

一、持续主动发布信息就是把握舆论主导权

有人打过一个比方：事件的真相就像一只正在火上烤的火鸡，外面的媒体、网友、公众如同一群饥肠辘辘的人。

如果鸡翅已经烤熟，那就应该先把那部分切下来，让人们先填饱肚子再说，然后再继续烤其他的部分，而不要让人们饿着肚子等待火鸡全部烤熟。

——前美国白宫发言人　弗莱舍

如果不管外边有什么反应，非要等整只火鸡全都烤熟了以后再一起往外送，鸡还没熟呢，外边的人早把门都踹破了。

突发事件发生后，在短时间内很难搞清楚事发经过和具体原因，对其全面认知当然需要一个过程。因此，为满足公众的知情权，可以分阶段、分层次地发布信息，变"结论式"发布为"渐进式"发布，而不是等到事件水落石出以后再发布新闻。情况不明朗，也没有明确结论，就提供可以公布的事实或已经确认的那部分信息，以及涉事的政府部门、企业正在做什么。

永远要让公众知道：我在行动，我在行动，我在行动。

全媒体时代，社会治理的难度明显增大，治理主体拥有的信息优势也不断式微。想要占据优势、拥有主动，最好的办法就是持续不断地发布最新的消息。

什么是危机处理？什么是舆论引导？

所谓危机处理，所谓舆论引导，不过就是在危机事件、负面新闻里面，我们政府、企业、学校、医院与媒体、网友对舆论主导权的争夺。

谁把握了这个主导权，谁占据主动。

那么，怎么把握危机中舆论的主导权？很重要的一个方法——持续不断地发布信息，弄清楚一点，发布一点；再弄清楚一点，再发布一点；又弄清楚一点，又发布一点。及时阐明最新情况，弄清楚多少说多少，并且要做到全媒体发声，主动说，抓住机会就说，报纸、广播、电视、互联网全方位说，化被动为主动。

笔者给航空公司上课的时候，总是跟机长、乘务长们讲："飞机延误的时候，你们让旅客登机，然后你们把舱门一关，原地等待，一动不动，40分钟、一个小时，不给乘客任何新消息，乘客当然很愤怒。能不能隔一段时间，给乘客一个新消息；再隔一段时间，

给乘客一个新进展？"

机长、乘务长们说："我们也没什么新进展啊，我们也和塔台多次联络过了，塔台告知我们，就叫我们原地等待，我们也没有办法呀。"

笔者说："没有新进展也没关系呀，你就每一次及时告诉乘客们，机组已经联络过了，但是目前还没有新的进展，请大家保持耐心，现在我们机组和乘客一起在等待塔台的指令。这样起码让乘客知道自己在行动！"

"我们和塔台进行了沟通，没有消息。"

"我们和塔台进行了第二次沟通，没有消息。"

"我们和塔台进行了第三次沟通，我们获得了进入跑道的指令。我们前面现在有十架航班在等待起飞……现在八架了……六架了……五架了……四架了……三架了……"

引导舆论的核心在于把握话语权，永远不能把话语权让渡出去，尤其在当今这个全媒体时代。

二、帮记者就是帮自己

2020年初，疫情当前。举全国之力，封武汉一城。

世界关注着中国，关注着湖北，这时候只有官方不断地保持主动发布、持续发布、全媒体发布有效信息的状态，利用广播、电视、报纸、网络等手段滚动发布最新信息，更快、更细、更碎片化，全媒体覆盖，才能保持自身是最权威信息发布者的地位，疏导公众情绪，也不给谣言滋生的空间。

不求全，只求快，但也必须准。

不单是要把真实情况阐明，消除影响，还应该通过多种传统媒体和新媒体渠道，不断地表达出面对危机的态度和行动。

不但要说出真相，还要挽回形象。

如果一开始就意识到这一点，主动持续地全媒体发布信息，湖北红会、武汉慈善总会等就不会在疫情初期舆情不断、谣言四起。

抗疫刚刚开始，一方面是大量的捐赠物资和善款涌入湖北红会、武汉红会和武汉慈善总会；另一方面却是武汉一线各家医院在网上不断向社会公开求助：防护物资告急。

网友疑惑："武汉上空难道有黑洞，怎么填都填不满吗？"

但是在群情激愤的连续几天时间里，湖北红会方面却没有根据汹涌的舆情及时、持续地发布消息，回答公众的疑问和不满：目前红会收到的物资有多少？分发了多少？目前缺什么、少什么？还需要什么？一线为什么拿不到？已分发的物资去哪儿了？合规的物资发给了哪些医院？不合规的物资下一步如何处理？物资分配的标准和流程是什么？为什么医院物资紧缺，库房里却堆积如山？前一段时间物资派发迟缓的原因是什么？最后一公里的梗阻在哪里？红会将如何提高发放的效率，解决这一难题？目前如何安排各医院到红会领取物资？为什么有些网上信息的说法是不准确的？目前还需要哪些人力、物力方面的支援？……

应该说的话太多了。

这些根据舆情发展应该持续主动发布的信息，全都是空白，直到谣言四起，舆情爆发。

湖北红会在舆情的倒逼之下终于出具了一份《物资使用情况公布表》，可这张表上竟然显示：一线抗疫的武汉协和医院仅仅拿到

3000 个口罩且没有型号，而名声并不那么响的两家私人医院，竟然各自拿到了 1.6 万个 N95 口罩，总数为 3.6 万个。

愤怒已经不足以形容网友的心情了。

湖北红会于是又紧急声明——现将捐赠的"N95 口罩 36000 个"更正为"KN95 口罩 36000 个"，其流向"武汉仁爱医院 1.6 万、武汉天佑医院 1.6 万"更正为"武汉仁爱医院 1.8 万个、武汉天佑医院 1.8 万个"。

数字算错了，型号也写错了。

面对舆情，要么不回应，要么回应了也不上心。

再后来，2020 年 2 月 1 日，中央广播电视总台记者探访新冠疫情中的武汉红会"国博"仓库。

在此之前，已经有太多的负面新闻在动摇人们对红会的信任，这时候，免费的媒体平台为自己"正名"的好机会来了，这可是中央广播电视总台的直播，央视的公信力和挽回危机的影响力是毋庸置疑的。

如果央视的画面里是堆积如山的捐赠物资、工作人员挥汗如雨的工作状态、车来车往的忙碌现场、志愿者连续多日没有休息的疲惫神情……一帧画面抵千言，这些镜头比发多少篇辟谣声明、发多少精美的图表都有说服力！

可什么也没有。

倒是最后一个镜头，一位戴着口罩的保安大哥出面，直接掐断了 1200 万人正在观看的央视直播。

清华大学新闻与传播学院李希光教授说："要知道媒体的采访并不总是充满威胁的，记者只是想引用你的话来完成他的工作，如果你接受了他的采访，实际上是帮助了他，也是帮助了自己，利用这个机会传递你想要公众知道的信息。"危机事件中，尽管记者是来向你挑战的，或许你也难以消除对他们的成见，但是无论如何请记住——记者不是你的敌人，他们和你一样需要完成自己的任务，不停地质疑就是他们的工作，而你的工作就是不断解答他们的疑问，让他们相信你说的是真的。

和媒体很公开地一起工作，一旦了解到任何进展就立即与大家分享。如果你让媒体时刻都能了解你的最新动向，他们就会和你一起并肩工作，如果你想隐瞒一些事情，就会遭受惩罚。

但如果相反，总是以"我们还没有搞清最终的情况""我们还没有得到最后的调查结果、有关报告、具体数据、准确结论"等各种理由，长期保持沉默，一直不去发声乃至阻碍媒体报道，后果可能会更严重。新闻记者采访到有价值的东西，他就报；采访不到有价值的东西，他就报道采访失败的过程；如果连过程也没有，他就写下自己郁闷不满的心情；如果你要是想方设法阻挠记者不让他采访，他回去就写出《××单位采访历险记》。

他总得写点什么。

要理解新闻记者的工作。对于新闻记者来说，媒体领导把记者派出去，记者就必须带着稿子回来。

至于采访到什么内容？这个不重要，这个一点都不重要。

更何况，直播年代都不用回去写稿，只要把镜头对准那个挥着大手掐断红会仓库直播的保安就够了。

三、"这才是危机公关的正确做法"

人们常说，危机管理是刀尖上的舞蹈，如何应对舆情就是如何对待民意。

2011 年 9 月 27 日 14 时 51 分，上海地铁 10 号线列车发生追尾事故。15 时 17 分，两辆列车发生碰擦 26 分钟后，上海地铁官方微博发出信息："上海地铁 10 号线因设备故障导致该故障区段（豫园站至老西门站下行区段）两列车碰擦。伊犁路站至四川北路站区段目前列车中断运营。豫园站已经采取封站措施！" 16 分钟后，15 时 33 分，第一条"运营突发初步调查"微博出炉并告知广大乘客，"虹桥路站至天潼路站 9 站路段实施临时封站措施，其余两端采取小交路方式保持运营"。随后在 16 时 57 分、17 时 02 分、17 时 39 分、17 时 41 分，官方微博 4 次更新，公布此次事故中受伤人数、收治医院及伤者伤情。上海地铁官方微博在很大程度上成了市民和网友的首要消息源。

20 时 18 分，上海地铁官方微博在事故发生不到 6 小时发布公开致歉博文，表示"今天是上海地铁有史以来最黯淡的一天，无论最终原因和责任怎样，给市民乘客造成的伤害和损失尤感愧疚。全力抢救伤员，尽快恢复运营；接受和配合有关部门对事故的调查和追责；坚决整改举一反三。再多致歉比起实际损害也显苍白，但还要深深道歉。"

然而这条颇受好评的道歉微博不久之后却被删除了。就在网友议论道歉微博为什么被删时，一条标注为"心声"的信息又出现在上海地铁的官方微博上："10 号线运营正在逐步恢复，事故原因将进一步调查。无论最终原因和责任怎样，我们对乘客造成的伤害和损失深感愧疚。事故发生后，车厢里互救互助、有序撤离的感人场景让人倍感温暖，那些一路狂奔全力参与抢险的武警消防官兵和抢修队员让人肃然起敬……"网友瞬间惊讶，这难道是"坏事当成好事说，丧事当成喜事办"的节奏吗？

可是，随后，更为戏剧性的一幕出现了，第二条致歉微博在发出不久后也被删除，这在网上引起了轩然大波。就在此时，上海地铁微博又发出"再次致歉"，内容与第一次发布的致歉微博相同。这条微博在发出 40 分钟内就被转发 3718 次。

事后，据上海地铁官微负责人冯昊向记者介绍，此次地铁追尾事故中，一共有 7～8 人参与到官方微博的信息发布中。整个团队第一时间从上海地铁应急指挥中心获取信息并及时在微博上发布，随后更是派出多位微博通讯员赶赴多个停运车站，实地了解公交配套措施，并通过微博迅速反映运营情况。除了第一时间发布事故信息之外，他们还转发了许多网友拍摄的现场图片和一些细节描述，以及一些相关的服务信息，比如换乘信息、天气状况、客流变化等。在发布的多条微博中，"感谢乘客的理解，再次对您表示歉意"也多次出现。

冯昊告诉记者，他们也是第一次面临如此严重的突发事故，完全是"赶鸭子上架，摸着石头过河"。但是在网络时代，瞒不住什么东西，没有必要遮遮掩掩。冯昊同时介绍了上海地铁官方微博发布消息的三个原则：一是遇到突发事件，尽可能快地发布消息，让大众越早知晓，越能取信于民；二是微博其实是与乘客面对面地交流，所以态度一定要真诚，并及时改进工作中的不足之处；三是微博的信息要以网友愿意接受的方式来发布，拒绝官话，拿网友的话来说就是"像人一样说话"。

关于网友提出的"道歉信息发布，删除，再发布，再删除，再发布"的质疑，冯昊告诉记者，道歉微博的背后其实没有什么复杂的故事，"事故发生后，大家都非常难过和内疚，于是就商量了一下，编发了这条代表地铁人歉意的微博。但发上官方微博后，网上有一些质疑，有人认为'最黯淡'用语太重了，也有人质疑道歉太轻描淡写。于是我们又拿下来，想斟酌一下文字。再放上去以后，大家又商量了一下，觉得'最黯淡'一词符合现在地铁人的心情，也想以此表达我们的愧疚，所以又改了一稿，最终 8 点多才再次发上去。"

截至 9 月 28 日 18 时 30 分，上海地铁官微共发布有关此次地铁事故的微博信息 63 条，广受网友好评，网友纷纷留言说："杜绝了谣言的产生，满足了信息饥渴网友的需求""感到了一种人性化的新鲜感"，尤其是"多次的感谢和致歉"。有媒体评论称"这才是危机公关的正确做法""这表明在面子和理性的较量中，尊重乘客、敬畏公民的理念占据了上风"。

相对于上海地铁官微的主动，笔者总是无比遗憾武汉红会丧失掉的那一次难得的发声机会。一片喧嚣中，面对这只主动伸过来的话筒，红会本应该当作救命稻草一样地拼命抓住不放才对啊！

|第三节| 负面信息，正面发布

信徒："祷告时能不能吸烟？"

神父："当然不行！"

信徒："吸烟时能不能祷告？"

神父说："当然可以。"

这故事看似简单，其实蕴含着严谨的心理学依据。

例如，有一则新闻称："接受基因编辑作为治疗方案的患者 5

年以后的存活率为 90%"，可能大多数人都会接受。但是如果换一种表达方式，把同样的数据表述为"接受基因编辑作为治疗方案的患者 5 年以后的死亡率为 10%"，很多人一定会紧张。

可见，语言的不同表达方式会对人的心理带来不同的影响。

著名的行为学家阿莫斯·特沃斯基也曾做过一个实验：假设有 600 人得了一种怪病，有生命危险，现在有 A、B 两个方案，选择 A 方案，能救 200 人的性命；选择 B 方案，有 1/3 的可能让 600 人全部获救，有 2/3 的可能是一个也救不了。

选谁？多数人都选 A。毕竟我们都偏爱正面且能够确定的东西。

危机事件里，尽可能从正面、积极的角度来阐述你的信息。

凡是对我们有利的信息，能多讲就多讲。

凡是对我们不利的信息，有人说：我才不讲，不利消息谁讲？

不讲行吗？不讲当然不行，我们说过透明的原则，好消息、坏消息都要对公众讲清楚，这也是对公众负责，保证他们的知情权。但是这里有一个技巧，叫作"坏话一次说尽"的办法，争取把所有不利的信息尽量一次全发布完，尽可能不让这些不利的信息再一次乃至多次从我们的嘴里说出来。

没有不好的问题，只有不好的回答，始终争取保持提供正面的信息。

好信息，广播说，电视说，报纸说，网站说，微博说，公号说，朋友圈说，专家学者说，当事人说，旁观者说……反复说。

坏消息一次性和盘托出，一剑封喉，一次说完。

正面阐明观点，少重复负面内容，不要为否定负面信息而不断重复负面信息。

否则，公众会一次次加深负面信息在心中的印象。

来看中央电视台播出的新闻《郑州"思念"牌三鲜水饺被查出致病菌》中，郑州思念食品有限公司营销副总经理林小红的回答。

【新闻】中央电视台《郑州"思念"牌三鲜水饺被查出致病菌》

人们是看重思念的品牌来购买它的产品的，在思念食品的官方网站上，我们也可以看到，思念向消费者作出的承诺：不合格的产品不流向市场；对客户的要求一天内回复，三天内解决，发现问题查实后加倍赔偿；同时，质量目标也做到，主要产品速冻汤圆、速冻水饺、粽子、冰淇淋的出厂合格率达到百分之百。那么这次思念水饺被检出含有金黄色葡萄球菌，郑州思念食品有限公司又是怎么来回应的呢？一起来看看。

林小红："首先我们对这一批次出现不合格项进行了深刻的检讨及反思，对出现这次的事情，我们向消费者表示诚挚的道歉。出现这个事情之后呢，我们公司对这一批次的350箱产品进行了全部的召回，并且在国家质检部门的配合下，我们（对这一批次的产品）已经进行了全部的销毁。"

记者："你们认为这批产品可能是在哪个环节上出了问题？"

林小红："这一批次的350箱出现问题之后，我们进行了追踪跟调查，得知是我们在储存运输过程中（操作）不当导致的。我们已经在国家质量监督部门的监督下，（对这一批次的产品）进行了全部销毁。"

记者："既然是真空包装，怎么会在运输过程中出问题呢？"

林小红："因为速冻产品在运输过程中，开箱、搬运、太阳照射等因素都有可能导致问题。这件事情发生之后，公司进行了深刻的检讨及反思，我们进行了以下几个方面的动作：第一，我们对公司所有的车间都加派了质量监督人员，我们现有质量监督人员的人数比原来增加了一倍；第二，我们对所有的原料都进行了层层把关及检测，确保我们的原材料是没问题的；第三，我们对所有的物流跟仓储都进行了重新的招标及评估。我们有诚心、有决心来解决这个问题，并且向消费者承诺，我们出去的产品都是层层把关的，是放心的，是安全的。"

记者的提问基本上都是针对企业不利的负面问题的提问，但这位经验丰富的思念食品的营销副总，她对记者提的负面问题，首先做了一个简单的回应，接着马上把话题转移到对企业有利的正面信息上来；记者再问一个负面问题，她做一个简单的回应以后，再把话题转移到对企业有利的正面信息上来，始终围绕于企业的努力、企业的措施、企业的整改、企业的进展，也就是企业的"态度＋行动"。

不在负面问题上做过多的纠缠。

多提供正面的信息和相关证据，尽量不要去批驳已经有的负面报道，始终记住你的目的是提供信息，说态度，说行动，而不是与公众争论是非曲直。

当然，这并不是说还要接着去搞早已被用滥了的惹人厌的"坏事当成好事说，丧事当成喜事办"，而是要把公众的注意力从负面信息转移到处理危机的具体措施上来。

2020年新冠肺炎疫情中，香港大学微生物学家管轶，于疫情之初抵达武汉，在武汉看到当地的防疫情况，感到非常震惊。管轶悲观地说："就连我这种也算'身经百战'的人，都要当逃兵了。"

这番言论被广大网友吐槽，斥责其危言耸听甚至临阵脱逃。其实，后来的事态发展证实管轶当时的判断是有依据的。

在前期的喧嚣中，"逃兵"是管轶一个最显眼的标签。

稍微了解一下就知道，管轶是做微生物学研究的，是病毒学家，不是冲锋在一线的医生，后方实验室才是他的主战场。倘若管轶换一种说法，"这次在武汉发现的病毒很特殊，和我以前遇到的都不一样，目前形势不容乐观。我要赶紧回到香港的实验室去做分析，尽早把它搞清楚，争取早日攻克"，也许就是另一种印象了。

我敬佩管轶教授的直言不讳，但是危机中的大众也确实有这种心理上的执念。

既然人性如此，就只能顺势而为吧。

|第四节| 做好议程设置

你不能让媒体来设置议程。媒体喜欢决定哪些是重要的，哪些是不重要的，如果你任由媒体那么做，那你的总统宝座也就毁了！

——美国前副总统　切尼

媒体决定我们每天看到什么，听到什么，思考什么，并从一个什么样的角度去思考。媒体如同相框，新闻就如同一幅镶在相框里的照片，这个相框决定了公众能看到什么、看不到什么，同时，媒体也决定把什么收进新闻报道的"相框"，同时决定把什么排除在"相框"之外。

　　这是伊拉克战争中一张著名的照片。两名美军士兵救起了一名因为严重饥渴几乎昏倒的伊拉克士兵。战场上既要实行人道主义救助；另外，对于一名交战国士兵，又要防止他反抗，于是，一名美国士兵给他喂水，另一名美国士兵用枪抵着他的头。

　　如果只给你看左边的照片或者右边的照片，你一定会得出完全不同的结论。

　　公众看到的只是新闻的真实，却从来不是新闻的全部。

　　危机中，政府部门、企业总是痛恨媒体报道的内容和自己预想的不一致。

　　其实，这个不能怪媒体，你不能说它报道不实，因为事实基本无误，只是媒体的立场、观点与你不同。

　　媒体是以第三方的角度来看待危机的，没有义务按照政府部门和企业的理解与希望去确定报道的角度和重点。

　　于是，我们看到了一起又一起的拒绝采访、不准拍照、严防死守、推搡记者、抢夺摄影器材、删除手机内容等一系列操作。

危机事件里不能由着媒体任意报道，有错吗？

没错。

但是你不能用强制的方式去阻挠它，而是用议程设置的方式去引导。

危机里，出于种种考虑，对于媒体，当然不能它想报道什么就报道什么，它想议论什么就议论什么，它想探讨什么就探讨什么，而是应想方设法由自己来设置新的议程，策划新的公共话题，把新的议程、话题抛向媒体，引导媒体的走向，让自己的议题成为社会舆论的灯塔。

为什么要由我们来主动做好媒体议程设置？

因为媒体不能决定公众怎样去想，却可以决定让公众想什么。

新闻媒体的一项重要职能是"把关人"，它既要对新闻的各方面进行核实和筛选，也决定着大众的眼光和方向，我们现在甚至可以说处在一个"媒介化事实"的时代：一起新闻事件只有媒体报道了它才叫发生过，而媒体如果没有报道，它就和没发生过是一样的。媒体通过报道什么、突出报道什么、连续报道什么、头条选择什么、配发什么样的照片和视频来决定什么样的事件是重要新闻，什么样的新闻应该获得公众的关注。新闻媒体不单单引导你关注某个议题，还将引导你以什么样的视角来关注这个议题。

而这种自由是新闻媒体认为非常值得捍卫的。

让媒体自己去决定报道的内容，但是同时也可以使用适当的技巧来影响媒体报道的内容和立场，做好设置议程工作。

媒体代表公众，只能顺势引导，不能强力操纵，只有通过议程设置来影响媒体，将政府部门、企业想让媒体报道的内容，变成媒体主动报道的内容。

我们的议程、公众的议程和媒体的议程三合一，才能有效引导舆论，才能跳出舆论陷阱，才能提高管理能力，才能更好地化解危机。

无论进行怎样的议程设置，其最终目的都是要落到维护公众利益上来。

20岁的郭美美跑到网上炫富，几乎一下子给中国红十字会带来灭顶之灾，按照后来的红会会长赵白鸽的说法："郭美美三天，毁了红会一百年。"但是我们看到红会在处置整个郭美美事件当中，它几乎没有哪一次是能够主动走在媒体和舆论的前面，能够主动做好议程设置去引领舆论，而是一直被媒体和舆论拖着往前走。媒体报道出一件事来，它出来否认；再报道出一件事来，它又出来否认，始终跟大家讲，我们跟这个郭美美没关系，没关系，真的没关系！没关系到底是个啥关系？最后也没说清楚。直到2014年世界杯期间，郭美美因赌球被警方给拘留了，在看守所接受记者采访时才说，炫富那个事跟红会没关系。

红会自己从来就没有说清楚过。

笔者认为，红会在处理郭美美事件当中，除了要本着及时、透明、诚实、负责这些基本原则以外，还更应做好进一步的议程设置工作，主动设计策划一些新的议程、话题由媒体和公众来探讨，争取让公众的注意力从那个20岁的郭美美身上转移出来，而不是没完没了放在郭美美身上。

比方说，红会能不能主动设置这样一些话题让大家来探讨：

- 郭美美事件说明了什么？
- 郭美美事件显示出我们红会在工作上目前还存在哪些问题？
- 红会下一步该如何加强整改，争取让类似郭美美事件不再发生？

● 对于这一事件，专家们有什么看法？

● 国外的红十字会怎么做的？有什么经验值得我们借鉴？

● 红会下一步的改革将往哪个方向走？广大网友能不能也给我们献计献策？

● 中国的慈善事业应该有一个怎样光明的未来？

……

把这些议程抛向媒体，让媒体报道，让公众讨论，而尽量别让大家长期盯住郭美美。公众盯着郭美美时间越长，对红会就越不利。

这就是议程设置。

| 第五节 | **不停地重复信息**

很多职业都需要重复，比如流水线上的工人，比如每个学期讲一本教材的教师，比如蒸包子的大师傅，比如新闻发言人……你难道没看见，很多大牌歌唱家一辈子不也就是反反复复地唱那么几首歌吗？

有句话叫作"谎话重复1000遍就成为真理"。

谎话重复1000遍也成不了真理，但谎话重复1000遍，一定也会产生某种可信性与持久的影响力。

要不然传销为什么屡打不绝？

传销怎么发展下线？就是在你耳朵边上，年年讲、月月讲、天天讲、时时讲、不停地讲，时间长就有人信了。

所以，我们在危机事件的解决中，在舆论引导的过程中，也应该把那些我们想传递出去的信息，那些对我们有利的信息（什么是对我们有利的信息？比如我们的同情和关心、我们坚决维护公众利益的态度、我们正在采取的行动、已经获得的进展、下一步还要做什么、我们将怎样处理责任人、今后如何堵上漏洞……），抓住一切传播渠道和可能，接受采访、发布公告、现场沟通、发朋友圈、开新闻发布会……不断地讲，不断地讲，不断地讲，别嫌烦。

重复再重复，敲打再敲打。

很多人喜欢研究成功学，成功学大师满天飞，以前的机场车站到处在卖成功学课程，卖得还不错。

什么是成功？笔者认为，成功不过是找到一件自己真正喜欢的事情，然后用正确的方法把它重复 20 年。

学会重复，好话永远都不怕说第二遍，因为重复会带来更多的重视。你不可能命令记者把你的每一句话都传播出去，不可能让网友把你的每一句话都记住，那么你就重复，你重复得越多，命中的概率就越大。

好的方面重复多一分，弱的方面就会减一分。

而且每一次都能够做到充满热情、全情投入，就跟第一次说这些话一样，那才是本事。

有人说，这话自己已经说过一遍了，再说显得自己当领导没水平。

说过一遍，不一定就传播出去了；传播出去，大家不一定就认可了；认可了，不一定就记住了；记住了，不一定就化为行动了。

怎么办？要一次次不断地重复。

有人说这话我也说过了，我也重复过了，可是咱们中国的网友不听啊！

说过了，重复过了，但是网友不听，最少有两个主要原因：

第一，你重复的次数不够。

第二，你用的是网友不喜欢听、听不懂，也压根不屑于听的官僚语言、文件语言、会议语言、专业语言、技术语言，而不是他听得懂、喜欢听的民间语言、通俗语言。

包括面对新闻记者的采访时，不要想当然地认为记者是你的下属，你讲啥他都能刻在脑子里。记者不是你的下属，你的下属会细心揣摩你讲话的重点，所以你讲一遍他就记住了，而记者不会。所以，你对记者就应该充当一把《大话西游》里面的唐僧，那个磨磨唧唧的唐僧，恰当地重复你的重点，重复你想传播出去的东西。

在张艺谋导演、巩俐主演的电影《秋菊打官司》里，女主角秋菊是个农村妇女，一心想生个男孩，结果自己老公身上最要命的地方被村长踢了一脚，秋菊就到处去有关方面要说法。她也没什么文化，也不懂法，她的办法就是重复。她告状到乡里、县里、市里，到所有地方都说相同的话，"他是村长嘛，村长不能往人家要命的地方踢，我就是要一个说法"，最后官司就打赢了。电影虽然颇有艺术夸张的成分，但是也侧面证明了重复所带来的巨大力量。

当然，这个重复不是把说过的话原封不动地再背诵一遍，而是换一种说法，表达同一个意思。重复的同时，还要保证言之有物。

信息可以重复，但表达必须新鲜。

| 第六节 | **寻找第三方联盟**

自己说自己好那叫广告，让别人站出来说好，那才叫口碑。

不单自己要说，还要想方设法让别人帮我们说，团结一切可以团结的力量，做好危机中的"统战"工作。

我如果这样对你说："我是一个好人，因为我心地特别善良。我讲课也很出色，我是一个好老师。"

你相信吗？你肯定不信。你会说：我凭什么相信你是个好人、好老师？我也不认识你。

但如果是清华大学对我有了解的学院领导、听过我的课的学生、学界的同仁对你讲："栾帆老师这个人不错，我听过他的课，也看过他的文章，跟他个人私下也有接触，对他非常认可。栾帆老师这个人，学问、人品、讲课都不错。"

你就相信得多了吧！

为什么？因为学院领导、学生、学界同仁，他们在我和你之间，是一个第三方的力量。

不能单枪匹马地解决危机，要寻找我们与公众之间的第三方力量。

第三方讲一句话，关键时刻比我们自己讲 100 句都有用。

2011 年，北京地铁出现传闻：有犯罪分子在地铁车厢里施放迷药，把一些乘客迷倒了以后，对乘客特别是对女性乘客实施人身侵害。

【新闻】中央电视台《2011 科技谣言真相调查——地铁迷药真的存在吗？》

在这种说法越传越玄的时候，北京市公安局表示，今年以来，北京警方已经接到几起类似报警，而且已被证实为报警人看到网上相关信息后过度紧张所致。但是这并没有阻止大家的担心，为什么会有人认为自己遇到了类似的情况呢？

果壳网编辑袁欣婷："乘客可能受到之前一些关于迷药说法的影响，比如说出现头晕或者心跳加快这样的症状，很可能是因为空气不太好。"

那么，让我们从科学的角度分析一下，这件事情到底有多少可信度呢？

解放军总医院第一附属医院郝建华："今年网络上流传的地铁内用迷药迷人，实施犯罪的说法，我觉得是不存在的。因为从麻醉的临床专业角度来说，这是绝对不存在的，是不可能实现的。"

据专家介绍，帖子里提到的迷药，最有可能的是医学上的吸入麻醉药，而如帖子所描述的强力麻醉剂，目前在国内属于管制药物，一般的犯罪分子没有途径拿到此类药物。同时，即使拿到这样的强力吸入麻醉药，不借助专业的设备，在地铁上也不可能在短时间内迷倒一个人。

解放军总医院第一附属医院郝建华："那么我需要在我的麻醉机的整个气体回路中间，先把麻醉的气体预充，预充到一个相对高的浓度以后，还要给病人一个面罩，而且病人要在配合非常好的情况下，做一个很深的呼吸，那么也需要在 30 秒左右，病人才有可能意识逐渐消失。"

此外，帖子中所说的只有一个人被迷倒的情况，也是不可能出现的。

解放军总医院第一附属医院郝建华："在这种相对开放的空间内，让别人一点都不察觉到，做不到。"

这件事如果北京公安单方面来否认，老百姓会完全相信么？那可未必。还要请出科技网站的编辑，请出专门搞麻醉的医务工作者，作为第三方帮助警方来讲话：想把一个人迷倒了没那么简单，开放的空间里，麻翻一个人，更是做不到。

说服力就强得多。

再回到南京市儿童医院徐宝宝死亡事件。

【新闻】中央电视台《经济半小时——徐宝宝死亡事件调查》

南京徐宝宝事件令人愤慨，但是随后在事件调查过程中的戏剧性的转变，又令人疑惑，为什么同样一起医疗事件，南京市卫生局却在48小时之内拿出了完全不同的调查结论？事情还要从10日公布的第一次调查结果说起。面对大家的强烈质疑，11月11日，南京市卫生部门决定，再次成立一个由第三方参与的联合调查组继续调查。联合调查组由14个人组成，其中4名是主管部门工作人员，5名中央、省市媒体记者，一位网名代表，一名计算机专家，两名省级综合性医院医疗专家，一名人民调解委员会的成员。这个第三方联合调查组到底是如何调查取证并形成最终调查结果的呢？

江苏人民广播电台南京记者站站长，联合调查组成员朱荣康："小组成立以后就分成两个组：第一个是技术组；第二个就是责任组。"

在南京，记者见到了江苏人民广播电台南京记者站站长朱荣康。被分在责任组的朱荣康和南京市卫生局纪委书记丁海洋等一起，从 11 月 11 日下午 2 点一直谈到 12 日凌晨两点半。朱荣康告诉记者，其中谈话时间最长的就是值班医生毛晓珺。直到谈话进行了两个多小时以后他才承认自己玩过网上游戏。

江苏人民广播电台南京记者站站长、联合调查组成员朱荣康："最后两个多小时以后，他说，我玩过游戏，下的围棋，下了两盘。我说你一盘多长时间？他说一盘大概半个多小时，那么两盘就是一个多小时，时间在 7 点多钟。"

在谈话的过程中，毛晓珺也承认他在第一次接受调查时否认了自己玩游戏的事实，因为当时就想赶快让事情过去。技术组的发现也证实了毛晓珺的说法。

西祠胡同零距离论坛版主、联合调查组成员周桂华："我们发现有 3 个网页：一个是 QQ 的围棋，还有一个是购物网站，还有一个是广告的页面。"

作为本次调查组的唯一一位网民代表，西祠胡同零距离论坛版主周桂华参与了技术组的调查工作。他告诉记者，11 日晚，调查组的一名电脑专家用国家保密部门对上网记录进行检查的软件，恢复了被删除的上网记录。通过这款软件，搜索到的上网记录和 IE 缓存里的记录是一致的。

西祠胡同零距离论坛版主、联合调查组成员周桂华："大概经过了 3 个小时，还原以后，对比还原之前和还原之后，3 号晚上并没有做任何的修改。"

而从上网记录可以看到毛晓珺在 3 日下午当班时，开机时间是 17 点 37 分，关机时间是 4 号凌晨 1 点 03 分，4 日早晨 7 点 50 分电脑又开机，而在 3 日 17 点 38 分打开的 D 盘下的 QQ 游戏可执行文件，激发了一个动画链接，可能是其在登录 QQ 用户端时激发的广告动画。3 号 23 点 41 分，有一个 QQ 游戏的认证文件说明，从当天傍晚 5 点 38 分到夜里 11 点 41 分，QQ 游戏是一直开着挂在网络上的。与此同时，技术组的成员在调看了 11 月 4 日的监控录像后，也清楚地看到徐宝宝母亲 3 次下跪的镜头。

西祠胡同零距离论坛版主、联合调查组成员周桂华："看到小孩母亲在监控里下跪的那个镜头的时候，就非常的感动，也是非常的气愤。"

周桂华告诉记者，这 3 次下跪的时间分别在 4 日早晨 5 点 59 分 40 秒、6 点 03 分和 6 点 06 分，这完全推翻了南京市儿童医院公布的第一次调查结果。而联合调查组成员、《扬子晚报》记者刘大颖告诉记者，整个调查过程中，让他感受最强烈的就是关于下跪求医生事实的确认过程，因为无论通过技术手段，还是调查当事医生本人，都是很容易确认事实真相的，但是医院根本没有这样做，再一次证明了第一次调查的草率。

连第一个接诊徐宝宝的医生都不敢相信，这个孩子最终竟然死在了医院里，而在事件随后的进程中又出现了一个又一个让人难以置信的情况。在一家著名的儿童医院里发生了这么多令人不可思议的事情，给我们带来了什么样的拷问呢？我们不仅需要反思和追究某些医护人员和医疗机构的职业道德和职业操守，也应该反思我们的医疗事故鉴定制度。事情虽然暂时画上了句号，但怎么把这个可能关系到每个人切身权益的制度置于公众监督的目光之下呢？

江苏圣典律师事务所律师耿严："应该说到目前为止，在我做律师的生涯当中，不仅仅是医患纠纷，在各类案件当中，这个案子都是处理最快的。"

在江苏圣典律师事务所，记者见到了患儿家属指定的代理律师耿严。按照法律规定，他们向南京市儿童医院开出了一份赔偿清单：丧葬费和死亡赔偿金39万元，精神抚慰金12万元，共计索赔额51万元。耿严告诉记者，目前双方已经签署了调解协议，而关于赔偿款的商定，双方仅用了四五分钟的时间。

江苏圣典律师事务所律师耿严："我想引用一下我们在调解过程中，人民调解委员会调解员的那句话，他说他也做医患纠纷调解这么多年了，多则两三年，最快的也要好几个月，正常的五六次能解决他就很欣慰了。"

对于能够如此快速地解决问题，耿严认为，联合调查组的工作功不可没。这个做法首先突破了目前传统的医疗事故鉴定在用人方面存在的缺陷。

江苏圣典律师事务所律师耿严："这个医院出了事情，由那个医院的医生来鉴定；那么下一次，反过来也一样，到那个医院出事情的时候，由这个医院的医生来鉴定，那么彼此之间他们不可能没有利害关系。"

除此之外，在手段方面也有着重大创新。目前的医疗事故鉴定，医学专家都只看病历，他们不会到医疗事故现场，不会考虑事故是否与当事医生玩游戏有关这样的事实，更为关键的是，在事故鉴定中起重要作用的病例完全是医生所写，因此在事故的判定中，病人处于相当弱势的地位。

江苏圣典律师事务所律师耿严："现在医疗事故鉴定手段太简单一了，它就是由专家看病历。最关键的问题是，这个病历全部是当事医生自己写的。事实上有很多是可以补写的，我们知道封存病历能在三天之内封存就已经是比较快捷的了，而医生当天晚上就可以把病例赶出来。"

而这次的第三方联合调查组，不仅调查了当事双方，还通过调看电脑、监控等手段还原现场，做到了以前医疗事故鉴定机构做不了的事情，得出的结果势必更加客观真实，也推动整个进程超乎想象的顺利。

江苏圣典律师事务所律师耿严："事实上，今天上午还有我其他的当事人给我打电话，问我，耿律师，为什么我的事情不能够这样解决？为什么我的案件不能够这么快解决？即使我们不要求这么快地解决，我们能不能够有可能也由独立的第三方来调查呢？"

为什么第一个调查结论引来舆论大哗，而第二个调查结论方方面面都表示可以接受呢？就是因为在第二个调查结论的调查过程中，他们引入了第三方。

自2015年天津"8•12"特大火灾爆炸事故以来，"丁香医生""警察蜀黍"等专业自媒体账号发声平息谣言，具有职业色彩的自媒体在舆情事件中常常发挥着舆情稳定器的作用。

——《2016年中国互联网舆情分析报告》

2016年"问题疫苗"引发的社会恐慌中，自媒体"口袋育儿"率先对耸人听闻的新闻标题提出批评，医疗领域自媒体如"丁香园""春雨医生"等对"问题疫苗"进行科普解读，填补了权威信息的不足，也扩大了自身在舆论场中的影响力。

——《2016年中国互联网舆情分析报告》

哪些是可以为我们所用的第三方力量呢？

比如，有公信力的新闻媒体、专家学者、公众代表等。

记得当手机刚刚走入我们生活的时候，社会上流传一种说法，手机信号的辐射会让人得脑瘤。手机厂家无论怎样信誓旦旦地保证依然不能打消消费者的疑虑。后来手机业界请研究电磁学辐射以及医学方面的权威专家出面，专家说根据我们多年来的研究和临床观察，到目前为止还没有发现过一例由于手机电磁辐射而导致脑部病变的先例。

2010 年 7 月 16 日，大连新港附近中石油一条油轮输油管起火爆炸。中石油公司不断强调，输油管起火爆炸事故造成的环境污染并不像公众想象得那么强烈，没有网传的那么严重。那么这种话，到底由谁来说，人们才会相信呢？

【新闻】中央电视台《经济半小时——大连火灾，海上清污》

记者："刚刚发生的这起事故，很容易让人联想到墨西哥湾的漏油事故，您认为应该如何来看待这两起事故呢？"

中国石油大学教授王震："美国的那个事件来讲，它对环境影响的程度，波及的面，远远大于我们这个事件。最重要的原因是它不可控，它的原油是在不断地生产，而且是持续了 5 个礼拜，这个程度上肯定是完全不一样的。大连输油管爆炸是可控的，大家都知道，就像一艘油轮的泄漏，这油轮最多装这么多油，这个是可预期的，包括对生态环境，对直接的财产损失来讲，都是不一样的。"

这是与发生事故的新港码头同属大连开发区的一个景点，也是距离事故现场最近的一个风景旅游区，两者间的距离只有七八公里。当记者在事故发生后两天来到这里的时候，看到的依然是颇为热闹的海滩。

记者："当天晚上看到那边着火了吗？"

风景区商铺经营者："火是没看到，就是看到黑烟，那个黑烟过来，就像要下雨那种感觉，人都给吓跑了嘛，当时以为要下雨了，后来才知道是因为爆炸嘛！"

记者："那你觉得现在爆炸被控制住了以后，你们这一片的旅游有没有受影响？"

风景区商铺经营者："没有什么影响，你能看出来嘛，也没有什么油漂过来。"

记者："前两天的大连湾那边发生了爆炸，对你们出来玩儿，心理上有什么影响？"

游客："没什么影响。"

而从记者走访海鲜市场的情况来看，目前也没有出现明显的波动。

记者："这里买海鲜人多吗？"

海鲜商贩："挺多的啊，没什么太大影响，关键是开发区那边不产这些东西，没有这些海产品。

记者："您准备买什么？"

消费者："买这个螃蟹，我觉得政府处理这个事儿应该没问题。"

输油管道起火爆炸造成的环境污染并没有像网上传说的那么严重，这个话是中石油公司自己说大家会相信呢？还是由石油专家、大连当地的商户、游客、老百姓来说，大家更愿意相信呢？

当然是第三方。

在 2020 年新冠肺炎疫情暴发的时候我就想，武汉有很多知名的学者、记者、作家、艺术家、网络名人，包括在这一次疫情中广受赞誉的志愿者，像因接送金银潭医护而知名的快递小哥汪勇等，饱受质疑的红会其实可以请这些公众人物作为市民代表，作为红会监督员参与并监督红会工作，并且把他们看到的红会的问题、焦虑、难处、辛苦等从自己的角度发表出来，以第三方的身份发言，向社会去说明、协调、呼吁……那该多有说服力呢！是不是红会的处境就会好得多呢？

在西方国家，经常用到的第三方还包括行业协会、公关公司甚至宗教团体等，起着平息情绪、引领舆情的作用。

不单是舆论引导，在实际工作中，第三方往往也比一些职能部门更专业，也更有效率。新冠肺炎疫情中，一家物流公司接手红会仓库以后，几个小时就将十几天来的一团乱麻理得清清楚楚。

专业的人干专业的事，危机中必须相信专业化的力量。

当事机构主动通过媒体提供真实信息、专业人士做出精准判断、权威机构发布权威意见、意见领袖发表公众看法、职业化机构具体操作实施……上下联动合力，才能更好地战胜危机。

否则，机构挨骂，群众不满，危机加深，2020年的湖北各级红会、慈善总会的际遇，再一次证明了这一点。

自媒体作者汪十句撰文考证，康熙年间，为了和准噶尔部首领噶尔丹于漠北决战，清政府组织万里运粮。路线穿越大漠，给户部和皇上的运粮费用报价高达120两银子一石。这是什么概念呢？按史料推算，士兵一个月口粮0.2石，若出动十万大军，不算军官、骡马这些的额外消耗，每个月光士兵口粮的运费就得240万两。康熙二十四（1685）年的财政收入是3123万两，全国的财政收入也就够运一年口粮的。仗不快点打完，帝国财政怕是要崩溃。

不过，这个时候有大臣出主意，历朝历代都会发动民间商人的力量，帮助出征军队筹措发运粮饷，咱们大清也不妨一试。

这一试果然有奇效。当军粮筹措和运输委托给以晋商为主的民间商人之后，不但运输效率提高了，将士们掘草根、剥树皮的时候少了；运输中的"跑冒滴漏"，各种名目的"损耗""遗失""数字抄错"也少了，成本更是断崖式下降，一下子降到了每石四十两。后来，随着经济发展、交通改善，在官府报价依然居高不下时，民间晋商的运粮成本却一路走低，到雍正年间，更是低到了每石十七两二钱。更神奇的是，商人自己不吃亏还有得赚，当然，人家赚的是正大光明的利润，不是莫名其妙的"管理费"。

民间力量参与物资调运的效率优势，极大改善了清军的后勤，为清帝国最终战胜准噶尔部作出了不小的贡献。

作者最后总结道，思考民间力量、商业力量在物资调配分发这些环节的价值，也是有意义的。民间力量、商业力量的参与，可能在以下几个方面会有一些优势：民间商业力量对新技术的使用会更加积极，这是残酷商业竞争幸存者的天性；民间商业力量对需求的反馈更加敏感，响应也会更加及时；对民间商业力量进行监督的成本更低；民间商业力量可能会更加爱惜羽毛，也更有把事情做好的冲动。特别是对有一定身段的大企业来说，与经手的钱财相比，由此获得的声誉更加宝贵。而有些声誉则不然，看似巍峨宏伟、意义重大，却没法实打实地落到人头上。做得不好，挨骂了，也没什么大不了，公信力损失的账单落不到人头上，当然没法产生具体约束。这恰如鲁迅笔下的雷峰塔，人人都想去偷偷拿一块砖。

寻找第三方，借助第三方，大家一起把危机解决，把事情做好。

而不是两手往腰上一叉，把住仓库门，这事只能我做，你们都得通过我。

这就把经念歪了。

|第七节| 永远以理服人

善于说理是一种巨大的才华，是大脑经过长期的科学训练，有知识、有逻辑、有常识的体现。

而不是谁的声音大谁有理，谁态度强硬谁有理。

一、用故事来说理

所谓发布新闻，接受采访，不过就是一个让他人来接受我的信息和观点的过程，就是一个说理的过程。

最难回答的不是问题，而是如何让人们相信你说的是事实。

在说服他人的时候，有的人说出话来就有人信，有的人说出话来就没人信。那么这种语言说服力的差别在哪里？我们通过哪些方式来增强舆论引导中语言和文字表达的说服力？

用故事来说理。

我上大学的时候，新闻写作课上，老师的一句话让我印象深刻：给我一个故事，看在上帝的分上把它讲得有趣些。

《新闻采访手册》中也有一句名言：100万人的死亡只是一个数字，而一个人的死亡却是一个悲剧。

日本导演北野武在2011年日本"3·11"大地震时说过一句话："灾难并不是死了两万人这件事，而是死了一个人这件事，发生了两万次。"

两万人只是一个统计数据，而这两万次却是两万个痛彻心扉、触动人心的故事。

向公众提供故事，而不仅仅是信息。

上海华山医院感染科主任张文宏在一次学术演讲中说，作为他们这样的"病毒猎手"，整天为如何抓到危害人类的病毒殚精竭虑。

"2013年出了一个科学家，我在这必须提到他，唐恩·伯格，他居然想到，阿拉斯加那里好冷啊，那里的冻土层下面，埋着1918年大流感当时死掉的流感病人，说不定冻在那里的尸体里面，可以找到当年的病毒呢？所以他们在一个夏天，开始可以挖地的时候，就去找，居然被他们找到了。找到以后把病毒所有的基因序列全部分析出来以后，就发现1918年的流感是来自哪里。现在的技术达到一个什么程度呢？可以把所有的基因序列全部给你恢复，然后病毒的踪迹，就都搞清楚了。"

找到并搞清楚病毒，就开发出今天的流感疫苗。

正像他说的："哪有什么岁月静好，不过是有人在负重前行，其中就包括我们这样的人。"

清华大学新闻与传播学院李希光教授说："媒体就像一头饥饿的野兽，它喜欢吃新鲜生猛的食物，它不一定要把整个食物吞下去，而是挑选最好吃的部位来品尝。应该喂给媒体合胃口的东西，比如一个鲜活动人的故事，而不是干巴巴的政策条文。"

二、用事例来说理

事例是非常能说明问题的，我们要善于用事例来论证自己的观点。

作为传染病专家，张文宏不断地告诫人们危险到处存在。当你俯瞰海底、仰望星空的时候，病毒也在伴随着你。

在一次关于感染学科的学术演讲中，张文宏指着一张患者的手部照片说："我举个例子，像这个病人，只是前一天杀鱼的时候手被割了一下，可第二天手就肿成这个样子。这是什么菌吗？如果不知道，这个手绝对要截掉。在美国医学会的杂志里面，遇到这种感染，手都是要截掉的。但是我们这个病人，24小时以后，我们通过自己的设备发现，它是什么？创伤弧菌，用了有效的抗菌药物，（就把）他治好了。所以，这样一些突如其来的、侵蚀性的病毒、细菌，在你生活当中是一直有的，风险始终存在。"

生活中，要始终关注小小病毒给我们带来的巨大风险，一个例子可以代替很多大道理。

无独有偶，著名的脑外科专家、全国政协委员凌峰教授在就医疗暴力接受央视采访的时候，给记者举了这样一个例子。

【新闻】中央电视台《面对面——医暴之痛》

凌峰："曾经有一个病人，他做脊髓的手术，他不是全麻，是一个局麻的状态，所以我们的医生在放弹簧圈的时候，他可能听着呢，他预计自己是放五个。一个弹簧圈要七八千块钱，结果他就带了5万块钱。当我们的医生在说：再来一个，再来一个。他就在那数着：一个、两个、三个、四个、五个，等叫到第六个，医生说再来一个，病人自己在台上哭了，说医生你不要放了，我只有5万块钱。这时候你手就开始抖了，你放还是不放啊？不放，你治不好他；你要放，这病人付不起钱。如果病人付不起钱，欠了款还不起了，医院要扣我们的工资。"

记者："做手术的时候还得想这些？"

凌峰："你当然得想这些，你不想这些你怎么办啊？"

记者："那你怎么办呢？"

凌峰："我控制不住，我一定会坚持做下去。"

记者："可是后果谁来承担？"

凌峰："我自己承担。

记者："但是如果每一个人都这样的话，你承担得起吗？"

凌峰："是承担不起。所以这就叫纠结嘛，我们一直处在这么纠结的状态。"

记者："但是冷冰冰的数字、一个一个创收的目标，就把医生塑造成一个魔鬼的形象。"

凌峰："对了，所以你老是在天使和魔鬼之间纠结，你想想你不得疯了？有很多的情况下，不是医生自己愿意这么做的，但是事实逼着他这么做，病人是不是要把这些怨气全都撒到医生身上？这跟医生有关系吗？"

记者："因为病人看不见体制。"

凌峰："对了，问题就在这儿。"

治病与创收，个人和体制，医患关系的扭曲，一个例子说得清清楚楚。

三、用比喻来说理

对于难以回答的问题、暂时没有明确结论的问题、专业性较强不容易说清楚的问题、不好正面回答的问题、容易带来歧义和争论的问题，都可以用一个恰当的比喻来说明。

比如我们经常说经济发展要稳健，既不能过快也不能过慢。一位经济学家形象地打了个比方：经济发展就像骑自行车。太快了容易失去控制，太慢了会摔倒，所以要不快不慢。

2008 年，联想集团经历着历史上最大的亏损。面对严峻的形势，2009 年 2 月，联想集团创始人柳传志重新出任联想集团董事局主席，再度执掌联想，而杨元庆则辞去联想集团董事局主席，重新担任联想 CEO，联想的高层架构再次进入了由柳传志负责战略、杨元庆负责执行的"杨柳配"时期。

【新闻】中央电视台《面对面——联想未来》

记者："当我们刚刚听到这个消息的时候，就感觉杨元庆他从一个公司董事长的位置，到了 CEO，人们会觉得他是降到 CEO。有没有考虑对杨元庆这样的安排会在社会上引发（对他的）什么样的看法？"

柳传志："那还是对企业不是很了解。在一个企业里面呢，其实呢，CEO 是电影的导演，董事长只是制片人。制片人他有权来选用导演，然后说咱们拍什么类型的片子，言情片、武打片，这个他有权说。然后真的导出有声有色的电影来，那是导演，导演是这个里边的最中心、最前台的位子。所以刚才我不是说嘛，就几年下来要做的是，CEO 是中国人，我还没有说，董事长一定是中国人。董事长无非就是股东嘛，股东代表而已。"

张文宏医生也经常用打比方的方式来回答新冠肺炎治疗的专业问题。

记者问他："网络上对中医、西医哪个更有疗效的讨论一直很激烈，这个问题您怎么看？"

张文宏回答说："上海的治疗是中西医结合的，而且合作非常愉快。要说谁的疗效好，我觉得分清这个没什么意义。这就如同两口子过日子，日子过好了，非要分清是谁的功劳吗？这也是没法分清的。如果一定要说谁的功劳大，就只能完全不采用其他方式，只用中药或只用西药，然后拿出来比对。做这样的试验，对病人来讲，伦理上也过不去，难道为了做这样的试验，就置病人的生命于不顾？明明需要吸氧了，但我只用中药，就不给你吸氧，这说不过去。中医、西医都是医学，现在中国的治疗都是中西医结合的，取得了很好的效果。"

记者又问："美国专家说瑞德西韦是治疗新冠肺炎的特效药，对此您怎么看？"

张文宏说："美国专家也是根据非常初步的数据，得到的一个初步的结论。到底是不是神药，要等所有临床结果出来，才能下判断。研究结果出来之前，所有的结论仅仅停留在医生的个人经验上，并不准确。就像两个年轻人谈恋爱，没有结婚之前，一切都有变数。结果出来前，女朋友一直都是你女朋友，结果出来后，她才是你老婆。女朋友和老婆的区别，就差一个结果。而目前，中国的神药，就是人心齐，泰山移。"

四、用类比来说理

"大"和"像一辆货车一样大"，哪一个更容易理解呢？

危机当中往往牵涉到一些非常具体的专业问题、技术问题，对于这些问题，绝大多数老百姓并不熟悉乃至根本不懂。所以在阐释完专业问题、技术问题以后，要想方设法联系到一个老百姓耳熟能详的东西，用这个他熟知的东西和那个陌生的专业理念作一个类比，我们的说服力一下子就强得多。

2011 年的日本福岛核泄漏事件中，当时我们大家谁知道，关于核辐射检测、关于那个多少毫西弗是个什么概念？我们都不懂。看看当时中央电视台新闻当中，这方面的专家如何就这个专业问题来作类比。

【新闻】中央电视台《新闻周刊——身边的安全》

日本福岛核电站事故发生后，核放射物质也随着自然条件向周边国家扩散。4月5日从北京、天津、河南等地区抽检的菠菜表面，发现了极微量的放射性碘-131。而这种正在大规模上市的家常菜，这一次也充当起了核辐射检测的重任。

中国疾病预防控制中心辐射防护与核安全医学所所长苏旭："监测菠菜最容易发现问题，因为它一个是叶面比较大，再一个因为它表面是绒毛，很容易吸附放射性物质，所以监测环境是否受到污染，首选这个。"

清明节前后，北京、天津等北方地区下起了淅沥的小雨，正是这场雨，让在空气中飘浮多日的微量核辐射物质加速沉降到地面。

中国疾病预防控制中心辐射防护与核安全医学所所长苏旭："我们目前监测到的，就是每公斤的蔬菜所含的放射性物质，没有超过3个微克，这样的话，就是我们要吃2000多公斤蔬菜，也才相当于照一次胸片的辐射量。这个基本上对健康没有影响。"

如果这位国家疾控中心的专家这样对我们说："这种受到日本福岛核放射物质污染的菠菜，经我们检测，污染物含量每公斤只有3个微克，是非常低的，你可以放心吃！"

你敢吃吗？还是不敢吃，我知道你说的这3微克是多是少？

但是在说完这个专业性的问题以后，这位专家马上做了一个我们人人都熟知的类比：这种受到日本福岛核放射物质污染的菠菜，以这个污染物的含量，你要吃到 2000 公斤以上，也才相当于照一次胸片的辐射量。

那么你敢吃了吗？敢吃了，你发现确实是非常低，一下子说服力就强了。

新冠肺炎疫情牵涉到很多非常专业的医学问题，多数老百姓也是不懂。而当不得不做一个解释时，张文宏医生在讲完一个专业概念后，也总会用一个人们耳熟能详的东西来作一个类比。他为了说明"流感"和"感冒"完全不是一回事时，这样讲道："我今天如果告诉你流行性感冒是老虎，那么感冒是什么呢？我告诉你，感冒连兔子都不是，它可能是小爬虫，可能就是苍蝇，就这么远。"

这个生动的类比，一下子就把两者的区别形象地呈现给了听众。

五、用数字来说理

数字是非常能帮助我们说明问题的，要善于用数字为自己说话。

2020 年新冠肺炎疫情期间，有一位官员通过中央电视台的采访一夜之间被网友圈粉。他就是浙江温州市市长姚高员。

温商遍天下，疫情期间，很多温州人回到故乡寻求安全，这也导致温州成为全浙江疫情最严峻的城市。那么面对疫情，温州市做好准备了吗？

【新闻】中央电视台《新闻 1+1——抗击新冠疫情特别节目》

浙江温州市市长姚高员："我们集中救治的第一步，确定了

10个定点医院，一共有1474张床位，应该说目前都能够保障我们就医的需求。同时我们考虑了一定的提前量，在市区又准备两家医院，一家是温州医科大学的附属医院，有150个床位；同时为了防止疫情扩大，我们备了一家医院，就是刚刚建成的瓯江口医院，有800个床位。我觉得我们医院床位的方面应该说是准备很充分的。另外一方面是医生，现在在已经开展的10个定点医院当中，有510名医生直接投入到救治当中。温州的医疗资源相对比较丰富，所以我们第二梯队已经准备了1100名医护人员在下一步待命。"

其实，姚高员市长在采访中不只提到了以上数字。他还说，温州在武汉的温商约18万人。通过市投资促进局、温州商会劝说在武汉的温商，叫他们近期不要回温州。经过动员之后，从武汉回来的温商，18万当中只回来2万人左右。但是随着疫情逐渐严重，很多人在春节期间还是回到了家乡。他们也做了统计，大概是大年三十到正月初九，新增回来约29000人，平均每天3000多人的规模。姚市长还说，市政府颁布了温州史上最严出行管控：全市每户每两天可派一人出门采购，春节全市一共取消了20.5万桌年夜饭预订，通报了6起责任不落实事件，14名干部被处理……

据媒体披露，截至2020年1月31日24点，除湖北省的一些城市之外，新冠病毒感染肺炎最严重的城市就是温州，累计达241例，远超北京、上海以及浙江省会杭州，高居全国第六。而姚高员市长脱口而出的这一系列数字，却让温州市民和全国网友放下了心。

语言中、文字里，有了数字，语言和文字就有信息含量了，就有新闻价值了，就有说理能力了。

网友们纷纷说："看人家市长说话多么实在""温州市长发言

太圈粉了，全程脱稿，条理清晰，逻辑清晰，数据明确，态度诚恳，踏踏实实。"

这就是数字的力量。

因为职业的原因，笔者经常看一些突发灾难事件的报道。例如矿难中，地方政府领导或者企业负责人满头冒汗地对新闻记者讲："为了抢救井下的矿工，我们想了很多很多的办法，做了各方面、全方位的努力……"

笔者很为他们着急，很多很多是多少？各方面、全方位又指的是什么？

为什么不用几组数字，把你的努力、救援、进展量化呢？

比如，为什么不这么讲："为抢救井下矿工，我们组成了一支50人的突击队，连夜展开抢救；我们还有一支100人的预备队，有需要可以随时拉上去；我们组成了由1位教授、2位高工、3位博士组成的一个技术小组，随时根据进展情况研究最新的挖掘抢救方案；我们已经预备好了500个新鲜面包、1000瓶矿泉水，救护通道刚一打通，有可能的话，先把食品和水投放下去，延长井下矿工获救的时间。"

为什么不这么讲呢？

善于用数字说明问题，用数字把我们做的工作量化。

但这个时候有一个数字是不能提的。哪一个数字呢？

一定有人马上想到：死亡人数。

危机里死亡人数你敢不提么？人命关天啊，捂住不说那叫瞒报。新冠肺炎疫情期间，不要说死亡病例，有一个疑似的谁敢不报？

这个时候如果这样和媒体、公众讲："为了抢救井下这些人，我们已经花了300万元了……已经花了500万元了……"我相信只要一这样讲，马上就会被网友怼回来："你现在知道心疼钱了，之前干什么来着？"

危机时刻，最重要的是公众的安全和利益，人的生命是第一位的，自己的财产损失是第二位的，不要轻易谈投入了多少资金用于救助，这并不能减轻危机的严重程度。哪怕这个时候心里疼得直淌血，也不能提钱。相反，要作什么表示？"我们愿意不惜一切代价，愿意付出任何努力，挽救井下矿工的生命。"这是我们该作的表达。

谈具体措施比谈钱更有说服力。

当然，等情况好转了，或者事件基本告一段落了，花多少钱不是不可以讲。

2008 年年初，湖南郴州爆发大雪灾。郴州的雪灾有多严重，给当地社会生活造成什么样的影响，中央电视台新闻《新闻调查》是这样报道的。

【新闻】中央电视台《新闻调查——郴州：孤城记》

郴州的情况迅速恶化，这段时间，谭光建随时在观测电网线路的覆冰厚度，一天天上涨的数据让他感觉到灾难即将来临。

电缆巡线工谭光建："十一二毫米，三十七毫米，五六十毫米，比人的大腿还粗。"

同时，在郴州市第一人民医院，一辆辆紧急出入的 120 救护车在告诉人们：灾难的危险在升级。

湖南省郴州市第一人民医院 120 急救中心副主任彭发吉："我们平时每天出救护车只有 35 次，到 23 号，就有 59 ～ 62 次了，到 25 号就是 70 多次、80 多次，最多的达到 126 次，是平时工作的差不多四倍。"

首先电缆巡线工讲电缆结冰的厚度：12 毫米，37 毫米，60 毫米，比人的大腿都粗。我们想象一下，电缆上结那么厚的冰，电缆能不断吗？电塔能不倒吗？再看当地医院急救中心负责人告知记者救护车的出动频次：从平常的每天出车 35 次，到大雪灾来了以后，62 次—80 多次—126 次，变成平时的 4 倍。

郴州雪灾的严峻，两组数字马上就说清楚了。

作一个假设，如果这位急救中心负责人这样对记者讲："大雪下起来以后，我们急救中心的救护车特别忙。我们的救护车，每天出去一趟又一趟，出去一趟又一趟，出去一趟又一趟，出去一趟又一趟……"

当然，用数字来说理并不是列举数字那么简单，更应该让数字形象起来。

浙江省工商局局长郑宇民在和记者探讨国有企业与民营企业的不同作用时说："国有企业是酒，民营企业是水，水更多地体现的是社会功能。大家都知道上甘岭战士们呼唤的是水、水、水，上甘岭战士他不会说酒、酒、酒。汶川大地震的时候，灾区群众说的也是水、水、水，上海大火救火也是水、水、水，不会说酒、酒、酒。如果酒、酒、酒那你不完蛋了？所以水有特殊的社会功能。全国 4300 万家企业，民营企业占多少？92% 以上。全国有多少就业人口？7.79 亿。国有企业安排就业人口多少？6300 万，91.8% 的就业都是民营企业承担的。"

把数字对比起来使用，会有更好的说理效果。

美国一位中学教师在给孩子们上地理课时，是这样介绍日本的：日本是一个国土狭小、人口稠密的国家。它的人口为 1.26 亿，不到美国的一半，然而却挤在面积只有 14.6 万平方英里的几个岛上，大约相当于加利福尼亚的大小。想一想让一半美国人口全部住在加利福尼亚，这意味着什么？实际上，日本在每平方英里的国土上塞进了 863 人，而在我们美国每平方英里约有 74 人。总体来说，日本的拥挤程度是美国的 12 倍。

用数字说理有用，但不能违反常识。2020 年 2 月 9 日，武汉立下了"应收尽收"的军令状，超过 1000 万人口的武汉两天后就宣布完成了 98.6% 的检测，进展统计遭到评论区大量市民的质疑。

六、用唐诗宋词、名言警句来说理

唐诗宋词、名言警句虽然没有严密的逻辑力量，却拥有巨大的情感冲击，不但可以说理，还能带来心底的感动。

新冠肺炎疫情爆发以来，我们看到了多少诸如"今年上门，明年上坟""拜年就是害人，聚餐就是找死""带病回村，不孝子孙"，甚至"湖北回来的人都是定时炸弹"这类恶狠狠的口号标语，而当一句"山川异域，风月同天""岂曰无衣，与子同裳"，一句"相知无远近，万里尚为邻""青山一道同云雨，明月何曾是两乡"的出现，又如何不让人感动？

诗终究是诗，口号也终究是口号。

当然，这并不是说"岂曰无衣，与子同裳"就一定比"武汉加油"更高级，"武汉加油"的口号简洁明快、振奋人心，可以在短时间内起到凝聚力量、万众一心的效果。只是这些诗歌、名言，让我们在铺天盖地的所谓"硬核"口号中，看到了一种文明感。这种文明感，在乎语言的体面、情感的深刻、行为的得体、关照的温暖；这种文明感，也比简单的口号更有说服力，对于心灵的影响也更长久。

|第八节|　牢牢把握核心信息

唐僧：死了多少猴子？

悟空：26 个猴洞坍塌。

唐僧：死了多少猴子？

悟空：猴山上只有 5000 棵桃树被毁。

唐僧：我问的是到底死了多少猴子？

悟空：已将活的猴子安全转移了。

唐僧急了：到底死了多少猴子啊？

悟空：目前死亡猴子家属情绪稳定。

唐僧发飙：到底死了多少猴？

悟空：今天又救活了一只猴子……

2020 年新冠肺炎疫情中，记者采访上海华山医院感染科主任张文宏。

记者问："您作为主任的华山医院感染科，有着中国最强的传染病团队，您当初上大学为什么选择了感染病学？"

搞过新闻的人马上就知道，这是挖掘个人成长史，希望说出一些"高大上"的话语让大众感动一下的套路，张文宏也一眼看穿了这一点："采访我个人就没有意思了，我就一个乡下人，跑到上海，读完书留下来工作而已。但你说到传染病，我觉得这个可以好好聊聊……"

他永远知道自己是谁，永远知道自己最该说的是什么。

我们常常说，回答记者的提问。

错。

实际上应该是**回应**记者的提问。回应包括回答和提供核心信息。

成功的新闻采访，是让我的声音成为媒体的声音，让我的态度成为媒体的态度，让我的内容成为媒体的内容，让我的观点成为媒体的观点。

每一次发布信息的时候，每一次接受采访的时候，心里要非常清楚，我这次想向公众、媒体传递的核心信息是什么？我的每一条新闻的主题，每一个问题的答案，都要牢牢围绕这个核心信息而不能背离这个核心信息。

因为你一旦背离自己的核心信息，就有可能被媒体牵着鼻子走。

有这样一个故事。

罗马教皇到纽约访问，调节教派之间的冲突。刚下飞机，忽然蹿上来一个新闻记者，劈头盖脸地问了教皇这样一个问题：

"请问教皇，你对纽约的红灯区怎么看？"

教皇一听就愣住了，心想：我是来调解冲突的，怎么问我这种问题？又一想，听说纽约的新闻记者提问都非常尖锐，于是微微一笑，把问题扔了回去：

"纽约有红灯区吗？"说完便转身上车走了。

第二天早上起来，教皇打开报纸一看，上面的头版头条：《教皇到纽约，下飞机就问："纽约有红灯区吗？"》

这个报纸撒谎了吗？

没有啊！这话是不是教皇说的？这话就是教皇说的，一个字也不差。

但是教皇在什么情况下说的这个话？教皇说这话的时候前提是什么？记者的问题是什么？现场情境是什么？报纸却没有登载。这就是新闻媒体的"断章取义"。

那教皇该怎么回答？

教皇回答这个问题之前，首先应该意识到自己到纽约干什么来了，核心任务是什么。

"请问教皇，你对纽约的红灯区怎么看？"

"我这次到纽约，是为了和平而来，是为了调解冲突而来。我希望冲突各方本着……的立场；我希望各派力量坚守……的原则；我希望我的纽约之行达成……结果。"

至于"怎么看待纽约红灯区"这个问题，根本理都不用理它，因为那不是你的核心信息。

虽然你是被采访者，但这不代表你不能掌控对你的采访。

要知道，记者的问题未必是非得回答的。记者问你一个 A 问题，你完全可以给他一个 B 答案。

美国前总统里根有一个回答记者问题的公式：$Q=A+1$。

面对问题（Q），先说答案（A），然后采用一个"巧妙的转折词"（+），把话题转到你要表达的核心信息上（1）。

这也就是前面说的回应包括回答和提供核心信息。

简单地说，核心信息是由立场和证据组成的。

对立场的表述应该是清晰、简洁的，通常用一句话就能概括，有时甚至可直接用做新闻稿的标题。证据可以有多个，但必须服务于你的立场；各个证据之间可以是并列的关系，也可以是层层递进的关系。

提炼你的核心信息，选择你的核心信息。要知道，如果不事先做选择的话，记者就会按照他的想法去删减。清华大学新闻与传播学院李希光教授说："把最关键的信息提炼出来，不要让记者自己去沙子里寻找金粒，结果可能不是你想要的。如果你未能给记者预备好一个简洁的核心信息，那么，他从你这儿引用的可能不是关键的信息，甚至是无关的信息。"

要让记者把你的核心信息作为他的报道角度、主题、框架。

不管记者问不问、问什么、怎么问，你想说的话一定要想方设法地说出来。

笔者曾经总结过张文宏医生在疫情中的沟通技巧：善于沟通，懂得交流，明白如何面对舆情，擅长和媒体打交道，会接受采访。知道如何对公众讲话，这在一定程度上是天生的能力。张文宏应该没有受过新闻发言人的专业训练，但是他的发言水平、表达技巧和媒体沟通艺术似乎与生俱来，哪怕扯远了，他也总能恰到好处地把话题拉回，收放自如，总是用一种"丰满"的表达解释一个"骨感"的道理。

当然，如果能够做到像张文宏医生那样予转折于无形，那就是更精彩的语言艺术。

这世上最美好的事情就是待在小镇上不要出来。像我这样从小镇上出来的人，都会在摔跟头中明白：要想在这个世界上立足，每一步都很艰难，每一步都要学会自我保护。不加防护的性爱所导致的艾滋病，之所以对年轻人伤害巨大，就是因为它打着爱的旗号，让人因此忽略了防护。任何东西，一旦打着爱的旗号，就很可怕了。

张文宏的表达巧妙运用了转折语，却滴水不漏，不着痕迹。予转折于无形，始终强调的是自己的核心观点。

美国国务院前副发言人里克说："你必须记着，当你发布消息的时候，这个发布会就是你的。记者们只是决定提问题，他们可以问任何他们想问的问题，但是，发言人可以只回答他觉得适合的答案。"

以我为主，为我所用，利用各种办法将自己的核心信息传递出去。

遇到回答不上来的问题就设法转移开，不要在一棵树上吊死，重要的是借助他的问题说出你的信息。

不论在什么情况下，都要争取把充满火药味的采访变成传播"我们的信息"的机会。

什么是危机里最该把握和表达的核心信息呢？

清华大学新闻与传播学院李希光教授说："所谓核心信息，就像是穿在一根链子上的钻石，它是围绕主题（那根链子）最耀眼的部分，是希望记者最终在报道里保留的部分。"

对于张文宏医生来说，核心信息当然就是疫情防护的知识与建议。

对于政府领导干部和企业管理者来说，核心信息就是我们处置这起突发事件的"态度＋行动"。

牢牢记住信息关键点，让每一个问题的答案都回到你的核心信息上去，而不让其他无关的内容挤占有限的公众注意力。

掌握主动，坚持说你必须说的内容，而不是只说记者要你说的内容。

一位记者在采访张文宏时，正巧张文宏的手机响了，记者激动地发现是张文宏的母亲打来的，于是兴奋地催促张文宏赶紧接："让我们听听张文宏教授和他母亲说些什么？"张文宏却"毫不配合"

地挂掉了电话："我就知道你们这些记者采访的时候，就想窥探人家隐私，我偏不接。"

硬核而温暖，专业而严谨，清醒而智慧，同理而善良，这样一个人，可爱而又美好。

| 第九节 | **好好说话**

要说服人，就要心平气和，就要以理服人，而不是比嗓门。

愤怒要收敛一些，姿态要谦和一些，要表现出宽容、诚恳的态度，才能说服公众。若不能及时"低头"，在舆论场上恐怕会成为"孤家寡人"。

你不能选择记者怎样问，却可以选择怎样答。

2018年秋季开学，教育部和中央电视台联合制作了一档节目《开学第一课》，并以教育部文件的形式层层下发到全国学校。学校则要求家长和学生一起观看，有的学校甚至要求拍摄现场照片，还要提交观后感，学习态度非常严肃。

可是，当学生和家长按照教育部通知要求在开学日当晚20点准点收看时，等到的却是长达十几分钟的广告，而且大多是与教育减负精神背道而驰的培训广告。好不容易节目开始了，人们看到的却是"小鲜肉"（网络用语。一般指年龄在12～20岁之间、长相俊俏的男子）又蹦又跳等节目。学生和家长纷纷表示摸不着头脑，被央视耍了，这样的《开学第一课》如何交出一份观后感呢？

就在公众满腹狐疑的时候，一个号称央视娱乐制片人的微信号出来辩解："13分钟很长吗？那些平时没有耐心陪伴孩子的人，觉得自己要吃饭、要看手机的时候，塞个iPad让孩子看垃圾动画片的时间何止13分钟？你家孩子哭着喊着去趟迪士尼为坐1分钟的过山车排一个小时队的时候，不觉得长是吧？不就让你们陪着孩子等了13分钟嘛？认真看了节目的父母都对节目赞不绝口，这样的教育如果不是学校要求，你有机会给孩子吗？为了孩子能接受一些正能量的思想，13分钟很长吗？有素质的好家长会好好利用这13分钟，跟孩子聊聊天，分享一下开学的心情。所以，最可怕的，是没有思考能力，只会跟风。"

这就奇怪了，不反思自己不讲诚信的问题，不检讨自己价值观偏颇的问题，不审视自己违反规定播出培训广告的问题，却一口反咬家长连十几分钟都不愿意和孩子相处。用偷换概念来强词夺理，满嘴是理，盛气凌人，这一番辩解又制造出新一轮的舆情次生灾害。

一旦出事，在媒体和网民面前要学会适度示弱，息事宁人，让事情向常态发展，而不是向非常态发展。不应再制造新的事端，给媒体提供进一步炒作的素材。

懂得示弱，直面问题，解决问题，承担责任，而不是争论谁是谁非。

示弱并不是软弱，而是一种自信与成熟。

好好说话，温和理性，包括善用问候语、请求语、感谢语、道歉语……任何尖矛都刺不透礼貌之盾。

2020年新冠肺炎疫情期间，很多人觉得社会上有些人好像不会好好说话了。有的网友表现得像一群"杠精"（网络用语。指网上经常与人抬杠的人），在"不吹就是黑"的心态之下，以零容忍的姿态和旺盛的精力与所有人对战，恨不得像打地鼠一样逐个敲打此起彼伏的异议。这不仅表现为对国内外质疑声音的攻击性回应，还有一种对不同声音日益不能容忍的焦躁情绪。

南京大学新闻传播学院杜俊飞教授曾经表示：以我之见，当国外记者提问"如何看待特朗普政府关于'中国病毒''武汉病毒'的言论"时，我们可以这样回答。

关于新冠病毒的起源，科学界还在讨论中。尽管我们和美国政府在很多问题上意见不一，但我们不会随着种族主义的情绪而起舞，并且我相信，美国人民和世界各国人民，对公共卫生的普遍道德问题，有着同样理性和同等高尚的判断力。我们都记得，2009年起大流行的H1N1疫情，首先是在美国被确诊，它的传染率可谓惊人，世界卫生组织说，全世界每五个人就有一个被感染。十年间，仅是在美国就导致1亿人患病，75000人死亡，全球死亡规模更是难以想象，但我们没有称之为"美国病毒"。我们还记得，一百年前，准确地说是1918年起到1920年，一场被错误命名为"西班牙流感"的甲型H1N1疫情在世界爆发。国际卫生界确认，零号病人来自美国堪萨斯州一座军营。在当时全球17亿人口中，至少有5亿人被感染，死亡人数高达4000万。它也是历史上死亡人数最多的一次瘟疫，但我们也不会称之为"美国瘟疫"。我们过去不会，现在不会，将来也永远不会对疫病之灾冠以一国之名，更不会对一座像武汉那样英勇保护过所有人的城市肆意污名化，在它付出牺牲之后，在它饱受病痛之余，还要践踏其名誉。我们不会那样——当他们向下沉沦时，我们要向上跃升。

温和的语言，其力量胜过雄辩。

人民网曾经报道，河南南阳一位市民在"书记市长网上留言板"上留言，抱怨该市的"交通整治行动"变质成为不整治、只罚款的行动。当地公安局回复称："你的想法也好，呼吁也好，完全是逆潮流而动，是螳臂当车。公安机关将对你听其言、观其行、观后效，密切关注你的煽动性言论是否造成不良社会影响，再视情况处置"。这样的回复，充满威胁和霸道，很多媒体纷纷评论说：南阳警方才是"逆潮流而动"。

官方在遭到网民批评的时候，正确的做法是首先检讨自己，然后调查真相。即使对方的表达不全面甚至过激，温和的态度也会感染网民。有理不在声高，公权适当弯弯腰，与公众的矛盾没有不能解决的。

也许交管部门出发点并不坏，但即使不要求温和，也应立足于说理，至少要讲明三方面意思：一是纠违和疏堵两种方式是并重的，见违必纠，见堵必疏，没有偏重某一方面；二是处罚并不是目的，而是手段，对少数违法者进行处罚，就是对大多数守法者的保护；三是将认真听取各方面意见，改进执法方式，是今后努力的方向，值得研究、推敲和总结。如是回复，网民哪有不接受的呢？

政府部门和企业等在危机中要学会示弱，学会道歉，适当减少舆论压力。既然有问题，既然出现舆情，说明我们在管理、服务、工作、执法等某个环节上多少是存在问题的，否则也不会成为舆论的焦点。既然有问题，该示弱还要示弱，因为一般认为，官民之间、医患之间、企业和消费者之间，前者就是强势的。我们适当放低身段、降低姿态，对化解危机、引导舆论是有好处的，示弱不是认错，它只是疏导公众心理的有效手段。老话讲："伸手不打笑脸人"，如果不首先放下权力的身段，你说的任何话都有可能被当成辩解和没有诚意，媒体也就有了进一步炒作的兴奋点和新动力。

【新闻】中央电视台《新闻调查——中央公寓的秘密》

吴均军是陆家嘴联合房地产公司的监事，在这份她购买的中央公寓房产的部分明细单中清楚地显示，她曾于一天之内签约购买了15套房产。那么作为公司的高层领导，她怎么会在一天之内购买了这么多房产呢？她买房是自用、转手，还是用于疏通各种关系呢？我们电话采访了吴均军的丈夫钱似锦，他是现任世纪道公司的董事长。

记者："我只想问一下为什么你们要购买这15套房子呢？"

世纪道公司的董事长钱似锦："不要问为什么，不要问为什么。你没有权利，我没有义务回答这个问题。我倒要问问你，你要知道这个事情，你有什么目的吗？"

记者："钱先生，我们想了解为什么你们要购买这15套住房？"

世纪道公司的董事长钱似锦："你们为什么要了解？"

记者："因为你们是公司的高层管理人员，这涉及你们是否滥用职权的问题。"

世纪道公司的董事长钱似锦："滥用职权？你可以先去看看公司的章程，你去看看章程，有没有规定不允许购买。小姐，我倒要问问你有什么目的？你要达到什么目的，你尽管说。"

记者："是这样，钱先生，我是一个记者，我唯一的目的就是想了解真相。"

世纪道公司的董事长钱似锦："陆家嘴这个联合房地产公司我知道的，这个事情非常复杂。"

中国传统文化告诉我们：在这个世界上，什么东西才是最有力量的呢？

水，是水。水滴石穿，以柔克刚。

在危机中，你越示弱，你就越强大。

2017 年 2 月 25 日，国家旅游局在新闻发布会上对云南丽江古城景区等 3 家 5A 级旅游景区给予严重警告，限期 6 个月整改。当天下午，丽江古城区委宣传部官微"古宣发布"上有网友留言："永远不会去的地方就是丽江。"丽江古城区委宣传部官方微博直接将留言网友怼了回去："你最好永远别来！有你不多，无你不少！"

两天以后，古城区委宣传部副部长和外宣办主任都被停职检查，并进行党纪立案。

在危机之下，要自觉承认自己的有限，而不是全能。不要跟网友在网上争论和对抗，拿出我们的"态度 + 行动"就可以了。

公众不可能因为你义正词严的表态就相信你。既然问题已经属实，地方政府及时诚恳应对就是了。对民众合理的利益诉求要表现出一份谦卑，对不尽合理的牢骚抱怨也应表现出包容和理解，谨防由于对舆论的麻木、傲慢而引发"次生灾害"，激化矛盾。

《左传》里记载了春秋时期的一个故事。

有一次，秦国和晋国联合攻打郑国，郑国抵挡不了。

郑国的国君郑伯这时慌了，六神无主，手脚冰凉。幕僚告诉他："国家眼看要完了，要想国家不亡，赶快去找烛之武。"郑伯立刻去见烛之武，说明来意后，烛之武说："我壮年的时候都不如别人，现在已经老了，无能为力了。"郑伯赶紧赔不是："我没有早早用你，而在危急的时候才来找你，是我的错。但是郑国完了，对您烛老也没好处啊。"

烛之武觉得他说得也有道理，就去见秦穆公，他对秦穆公说："现在秦国和晋国围攻我们郑国，郑国知道自己要完了。但是，假如灭掉郑国对你秦国有好处，我也不敢来麻烦你。秦国越过晋国而把郑国作为自己的东部边邑，你知道这是很困难的事，因为在晋国面前你根本守不住。为什么要灭掉我们郑国而给邻邦晋国增加领土呢？晋国越强大，秦国就越薄弱。可是如果你饶了郑国，把郑国作为你秦国东边路上的东道主，出使的人来来往往都由郑国随时供给，对你有坏处吗？你曾经给予晋惠公恩惠，他答应把焦和瑕两个地方割让给你。可是，晋惠公早晨渡过河，晚上就修筑工事防备你，这事儿你知道啊！这个晋国贪得无厌，如果郑国成了它的边境，下一步肯定就是向西扩张领土。但是，如果不使秦国减少领土，它从哪里还能得到土地呢？"

秦穆公听了烛之武一番话，恍然大悟，说："有道理。"他立即与郑国签了和平条约，一场迫在眉睫的亡国危机化解了。

| 第十节 | 简洁，一定要简洁

用一分钟说清楚一件事、表明一个观点是一种出色的能力。
简洁是一种美，也是一种美德。

做任何事情都应该尽可能简洁，而并不是比较简洁就可以了。

——阿尔伯特·爱因斯坦

有人曾赞美爱因斯坦的相对论公式：$E=mc^2$，多么简洁，多么美啊！

我当记者的时候，采访过不少领导干部。我刚刚问完第一个问题，领导回答问题，第一句往往习惯地说："自从改革开放以来……"我赶紧拦住他说："领导，打住，您从去年开始说就可以了。"

回答记者问题不能开天辟地，尤其是危机事件、负面新闻里，记者和公众想知道的是：你们这里现在出事了，你打算怎么办？

舆情危机中，无论是给公众发布信息，还是接受媒体采访，必须要做到简明扼要、观点鲜明，没有废话，直奔主题。

每一句话都与主题相关，与危机相关，紧扣问题，回应关切，千万不要扯得太远。

你的要点越少、观点越明确，就越能影响媒体。

西方新闻传播学界对于在危机中接受采访、发布信息，有一个"30字""90秒"原则。

接受采访、发布信息的主题尽可能不超过30个字，媒体甚至可以拿它用作标题、导语，使媒体能将你发布的本质内容直接传达出去。

每一个回答用一分钟半把它说完。

只有简明扼要、观点鲜明，才能让人听得懂、记得住，易于传播。

说得简要才能做到一种"准直播"的状态，不被媒体随意剪辑，严防媒体的断章取义。更何况，万一说得太多，指不定那一句话又被网友抓住了"小尾巴"。

言多必失。

尤其对于电视采访来说，一条电视新闻一般只有一两分钟，你说得再多也没用。

简洁，一定要简洁。不能把重要信息湮没在大量模糊或无关的信息之中，信息碎片时代，没人听你的长篇大论，没人有那个耐心。

如果做不到言简意赅、主题明确，有效的信息和丰富的情感也会被冗长而乏味的文字埋没。能用短句的就不用充满形容词和副词的长句，能用一句话讲清楚的就不要洋洋洒洒地讲上一大段。不要让重要的信息淹没在又长、细节又多的回答中。再精巧的措辞，再华丽的辞藻，也不及清晰地表达一个明确的信息重要。记者没时间，也不打算把你的全部信息压缩到恰当的篇幅。

网友和观众呢？他们早就溜了。

什么是简洁？去看看海明威的小说就知道了。他是句式简洁的典范，斩伐了整座语言森林的冗言赘词，还原了基本枝干的清爽面目，砍掉了一切花花绿绿的比喻，人称"拿板斧的作家"。

美国前国务卿基辛格说："接受记者采访千万不要长，因为长了，你给记者选择的余地就大了。你想要他报出的东西就报不出去。最多只讲三分钟的话，从不讲长话。"

美国白宫和国务院新闻发言人平均每个问题的回答时间是38秒。

回答问题时抓住重点，简单明了，不拖泥带水，更不要离题万里。说完了就闭嘴。解释性的东西不要太多。过多的解释往往还会被误认为是强词夺理，并且还容易出现漏洞。

抛开场面话、客套话和含糊其辞的话，摆事实、亮观点、说态度、讲行动，向公众传达最有用的信息。

说得越多，麻烦越多。

|第十一节| 说"人"话，不断地说"人"话

语言之美，美在人性，美在情感，而华丽堆砌的辞藻和大喊大叫的口号从来都不会给人以力量。

说"人"话，有人性，赢得尊重其实并不难。

这不需要技巧，只需要当个正常人就好了。

2020 年的新冠肺炎疫情中，日本人不仅送来了抗疫物资，还送来了温暖雅致的中国诗句。汉语之美，竟被用得如此贴心，如此温情。

"山川异域，风月同天。"

"岂曰无衣，与子同裳。"

看着这些典雅的诗文，有网友写道："那种含蓄之中的磅礴，那种隽永之中的深刻，那种沧桑感和时代感的交叠，那种恰到好处的分寸感，而偏偏又有着无与伦比的穿透力。这八个字，有来历，但读者不必非了解其来历；有典故，但读者不必非深究其典故。大家一目了然，不言自明，震撼人心，催人泪下。"

上海华山医院感染科主任张文宏在这次疫情当中的语言表达，就总是充溢着人性与温暖：

"像我们在社会上，大家经常感觉老是被人欺负。事实上我也是一路被人欺负过来的。你被人欺负惯了，就知道这种欺负人的嘴脸是什么样子，那你就要善待比你年资低、权力没你大的人"。

网友一下子觉得，原来这大专家和我一样，都是这样被欺负，都是这么熬过来的，双方的距离一下子就拉近了。

当媒体在大声歌颂医生护士不顾家庭仍上"前线"时，张文宏直言不讳："我不是非常鼓励大家加班加点，这本身也不怎么人道。我们没有理由叫人家抛弃自己的家庭，在这里无休无止地工作，除非你热爱得不得了。但对很多普通人来说，它也就是一份工作，你不能用'高尚'这些词来绑架别人。"

"你问我医护需要什么？我觉得就是需要有免于受伤害的权利。"

是的，每个人的生命都是宝贵的，每个人的权利都是值得被尊重的，医生护士的也是。

身为医生，身为科主任，他知道医护人员有多辛苦，特别是常常被忽略的护士。"医护本是一家，有一个很容易被忽略的团队，就是我们的护理团队。医生有多重要，我们的护理姐妹就有多重要。"

他把护士当作姐妹，强调她们和医生一样重要。金句走红的背后是他看得到别人的付出并且肯定和尊重别人的付出。一句"如果防护不到位，你可以拒绝上岗"又打动了多少人的心。

明确地拒绝"高大上"，说"人"话，说温暖有情感的话。

一句话总结就是：尊重人。

说"人"话，说有人情味的话，将心比心是最好的共情。发布新闻也好，接受采访也好，人性化、人文化的感情色彩都是一种更高的表达境界。

中国人民解放军海军总医院总护士长王文珍曾经获得国际护理界的最高荣誉：南丁格尔奖章。当她身体上长了肿瘤，春节前夕却拒绝住院。当时的中央电视台《焦点访谈》是这样报道的。

【新闻】中央电视台《焦点访谈——用真情守护生命》

从事了多年的医务工作，王文珍不是不知道自己的病情有多严重，但是她想到的却是，临近春节了，尽可能地让自己的护士都能回家过个年。

中国人民解放军海军总医院总护士长王文珍："我就想，哎呀，我如果（得的）是恶性肿瘤，万一不好的话，我明年肯定就不会在这儿当护士长了。最后一年了，我让我的每位护士都回家。我就把排班表改了一遍又一遍。"

最后王文珍还是给自己排上了春节值班，这也是她第 16 年除夕值班。直到三月底，她才动了手术，结果肿瘤为良性。就在大家为她高兴不已的时候，手术后不到一周，还没有拆线，她忍着伤口的疼痛，又出现在急诊科的病房里。

海军总医院院长钱阳明："她当护士长一共是 17 年时间，她的团队给我们培养了 6 个护士长，带的学生不下几百人。这些护士长现在是我们医院护理的中坚力量和骨干。她的学生、部下对她都充满了感激，充满了敬佩。"

多年急诊科的工作中，王文珍钻研出多项护理技术，发表38篇论文，多次荣获军队医疗成果奖，先后 23 次获得嘉奖。当诸多的荣誉汇聚在她身上的时候，她总是说自己还不够格，她只是一个普通的军人，一个普通的党员。

海军总医院政委杨明建："她以实际行动践行了当代革命军人的核心价值观，践行了我党我军全心全意为人民服务的宗旨。她就是把平凡的岗位干得不平凡，体现了一个军人、一个共产党员应有的品质。"

在采访中面对镜头的这三个人当中，谁说得最好呢？

当然是护士长王文珍说得最好，话语中强烈的感情色彩，听了让我们动容。

其次是谁呢？是院长。院长的话虽然没什么感情，但是你听院长讲：她在我们这儿当护士长 17 年，给我们培养了 6 个护士长，带的学生几百人。这叫什么？有数字。我们接受采访的话语里、发布信息的文字里有了数字，这些话语、文字就有信息含量，就有了新闻价值。

2017 年中秋节，中国人民解放军陆军司令员韩卫国给全体新兵写了一封信。

全体新兵战友们：

你们好！

马上就到国庆节和中秋节了，你们将在军营度过第一个跟在家完全不一样的节日。给大家写封信，交流一下思想。

你们吃得饱吗？ 1970 年，我跟你们一样，在懵懂和憧憬中来到军营，一个月只有六元津贴，每天四毛六分钱的伙食费，饭能吃饱但菜不好，每个节日不是炒几个菜加餐，而是做一锅肉很少的面条，或者分点面菜，各班包一次素馅饺子。记得有一次太想吃肉了，花了三毛多钱买了一罐午餐肉罐头，还没吃完，就被副连长发现了。他非常生气地说：只有资本家才吃罐头，你是忘本。为此我在全连做了检讨，并推迟了入团时间。现在部队生活好了，但不要浪费，过节了，想吃什么告诉连长指导员。

你们训练苦吗？我们当兵时训练内容不太多，毛主席要求，步兵一个月要能打仗。只练射击、投弹、刺杀、爆破、土工作业五大技术。现在入伍训练九个科目，也不太多。但你们刚开始训练，可能不太适应。你们有文化，要先弄清动作要领，问问班长，训练还存在什么问题。你们要吃苦，有的训练内容需要反复训练，包括队列、射击、投弹、自救互救等训练。但一定要遵循科学规律，严格遵守安全规定。不要过度超强训练，不要带病坚持训练，不要带着情绪训练，不要在没有连队组织的情况下自行训练。绝不能受不了训练而私自离队。每周开个民主会，评教评学。过去，我们当新兵时，敢于给班长甚至连长提出意见、建议。

班长带兵粗暴吗？我当新兵时，我的班长在训练急了时，也有踢过我的屁股，我会生气。但他是个面冷心热的好班长，每当吃饭时，他总把仅有的几块肉拨到我的碗里，野营睡觉时，他总是睡在漏风的门口边，晚上还替我站岗。徒步拉练时，他总是抢着帮我背武器装备。有一次我生病，已经结了婚、每月只花两毛钱、平时非常抠门的班长，给我买了一个鸡蛋，让炊事班给我煮了一碗面条，这顿饭让我流下了眼泪，永远不会忘记！班长退伍时，我买了一只鸡，煮熟请他吃。现在班长已经七十多岁了，仍还记着我，我视他为亲哥哥。

军人是一个非常光荣的职业。光荣就光荣在能为国家和人民吃苦作奉献。任何一个国家都非常尊重军人这个职业。我国第一位女航天员刘洋同志讲过：我唯一的遗憾就是只能为祖国牺牲一次。这就是军人对祖国的忠诚表白。你们在今后的军营生活中，特别是在战备训练中，会越来越热爱这支军队，会与部队战友们结下深厚友谊。

要把第一个节过好。我提醒大家认真洗个澡，特别是地处新疆、西藏和寒区的新兵，要晒晒被子，洗洗军装，特别是洗洗你们的臭鞋。记着中秋节给家里的亲人去个电话，代我向他们问好。每天还要坚持出早操，参加晚点名。每天看看书、打打球、打打牌，和干部班长一块比赛，赢他们。如果有可能，提倡到炊事班帮帮厨，外出一定要请假，返回一定要按时销假。总之，希望大家过一个愉快、平安的节日。祝你们节日快乐、身体健康！

陆军司令员　韩卫国

2017 年 9 月 29 日

这封信我看过很多次，一个没有当过兵的人，却常常为一封将军写给士兵的信而感怀。

人性化的表达才最容易为公众所接受。这个世界上只有人性化的东西，只有有情感的东西，才是可以被喜爱的，才是可以被铭记的，才是能够流传的。

我坚信再过一百年、两百年，我们中国人依然会唱《月亮代表我的心》，依然会听《梁山伯与祝英台》。

中央电视台播出的《中国诗词大会》里引用到那么多的经典诗词，流传千古，每一篇、每一首、每一句，说白了，最终不过就是写下了一个"情"字：爱情、友情、亲情、思乡之情。写爱情，它里面有热恋、失恋、单相思……我们现代人感受到的生离死别、爱恨情仇，无比丰富的情感，你发现，当年我们的老祖宗全部都写过。

而且写得那么美。

把我们落下的功课补起来，除了汉语的优美，还有善意、人性、文明、包容、内省。

有一个故事。

在法国巴黎，春天的街头，一位盲人乞丐正在街头乞讨。他面前放着一个纸板，上面写着一句话："我什么也看不见。"很多行人在他面前匆匆走过，很少有人给他施舍。这个时候路过一位诗人，他想帮助这位盲人乞丐，于是掏出笔来，在纸板上加了几个字，转身走开。这时候很多路过的行人看了以后，纷纷掏钱施舍给这个盲乞丐。

诗人加上的几个字是："春天到了，我什么也看不见。"

| 第十二节 |　说话始终留有余地

弓弦拉得太紧，容易断。

一旦被事实打脸，就再也没有对话的资格。

教育家、清华大学原校长梅贻琦说话含蓄，少有断言。学生的激情、教授的个性，主持西南联大时期清华与其他院校的关系，方方面面的压力都要在维护学校发展的大前提下由他来把握和权衡。当时的清华学生曾作打油诗来模仿梅贻琦说话的语气："大概或者也许是，不过我们不敢说。可是学校总认为，恐怕仿佛不见得。"然而清华人很多年后再回看，才发现他每一次踟蹰与斟酌的背后，是多么勇敢和坚定。

不把话说绝，不淡化危机，也不好大喜功。

危机事件里，如果尚未得出明确科学的结论，就不要把话讲得太绝对，不说大话，给自己说的话留有回旋的余地。

2020 年 1 月 22 日上午，国务院新闻办公室就新型冠状病毒疫情传播情况举行新闻发布会，有日本记者问到这个病毒对儿童和年轻人的危险系数有多大时，中国疾病预防控制中心主任高福回复称："它（新型冠状病毒）对儿童、对年龄比较小的人的影响，就目前的流行病学和认知来说，（这类人群）确实不易感染。"

而上海华山医院感染科主任张文宏针对这个问题的说法就谨慎得多。他说，"我无意于去否定任何一个专家的判断。在所有病例当中，儿童病例是比较少的，但我认为就此判断儿童是否不易感染，可能论据还是不充分。所有受感染的人都有一个跟传染源接触的过程，例如喝酒、吃饭、社交、旅游等。而在这段时间内，孩子都待在幼儿园和学校里面，和传染源接触较少，这是第一点。第二点，当武汉出现这种情况的时候，我看到很多人没有戴口罩，但是家长对待孩子的方式不同，哪怕出现一点点的风险，第一件事情就是保护自己的孩子。当然还有一点，孩子的免疫功能不是很强大，感染了以后反映不出来，这些都需要考虑进去。"

很快，就有一个不满一个月的婴儿被确诊感染了新冠病毒。

事实证明，张文宏的表达更加理性、科学。

有结论的就明确讲，没有结论的就再观察。其实，这也是说真话。

不把话说绝，不把话讲极端，不作过度承诺，降低舆论期待。过度的承诺一旦无法兑现，当事者将再没有对话的资格。

危机之下，如果承诺，就一定要作那种"立竿见影"式的承诺，就是那些创造一点儿可能、调动一点儿资源、马上就能兑现的承诺，并把容易做到的承诺一步步、一点点地逐步发布出来。

而不要作那些听起来好听却根本达不到的承诺。

|第十三节| 不假设，不推断

除非有严谨的计算和科学依据的支持，否则，只说你知道的，不要说你想到和推测出来的。

采访中，记者有时候会问你这样的问题。

"如果……可能就……""万一……也许就……""预计到时候……"等。

请记住，不要回答这种假设性、推断性的问题。

因为无论假设还是预期，都是还没有发生的情况。在没有严谨的科学依据和明确的专业背景下，危机中一旦针对没有发生的事做出回答，既是危险和盲目的，也有可能被记者牵着鼻子走。

一旦预期错了，舆情更是难以挽回。

在黑龙江省齐齐哈尔第二制药有限公司（下文简称"齐二药"）假药事件中，齐二药厂家代表邹爱标接受了央视记者采访。

【新闻】中央电视台《焦点访谈——齐二药假药事件调查》

记者："这批假冒的丙二醇，经过你们的检验之后，认为是合格产品？"

邹爱标："认为是合格产品。"

记者："如果下一次，哪一个采购员再在里头，不管是徇私也好，还是玩忽职守也好，再把假冒的丙二醇进到你们厂里，你们仍要生产出致人死命的药？"

邹爱标："基本可以这样讲。"

这是不是一个假设性的问题？这样回答不是自己往坑里跳么！

有人说那个记者缺德，给别人挖坑。

是啊，可是记者挖坑，你得能看出来啊！

有人问：那么这种假设性的问题怎么回答？

不推断，不预测，坚持以已知事实为依据，坚持以你的"态度＋行动"为依据，就可以直截了当地跟记者讲："对不起，我不能做这样的假设。我们现在的态度，就是严把进货质量关；同时我们已经启动问责机制，追究相关责任人的责任；而且，我们将改善进货流程与管理，争取让类似事件以后再也不会发生。"

这是我们该做的表达，也是必须做的行为。

中央电视台《面对面》栏目记者曾就医患关系采访北京协和医院麻醉科主任黄宇光。

【新闻】中央电视台《面对面——医患之痛》

记者："咱们假设一种极端的情况，刚才我们都有所提及，比如说有一位病人，他在医院里面到处碰壁之后，到了他的极限了。然后正好碰到一名大夫，看了一上午的病，也到了他的极限了，这种医患双方的极限一旦顶到，会发生什么事情？"

北京协和医院麻醉科主任黄宇光："我也听到过相反的例子。我们有一个手术，我们的护工推着手术病人回去，车推得有点快，差点撞到人，我们协和的一位老教授就讲'你当心，当心，千万别撞到人'。那种态度和服务的理念，我觉得我们应该向协和的老专家学习，他们那种境界和儒雅，是我们当今所不具备的。"

这又是一个假设性的问题，设定了一种在现实中未必可能发生的情况。黄宇光医生如果回答自己接着给病人看病，人家会认为他唱高调；黄宇光医生如果回答自己把病人撵走，又违背职业道德。

黄宇光医生的回答是：我不承认你这种假设，我永远只根据我已知的事实回答问题。

对于暂时无法回答的问题不要回避，甚至可以直接告诉记者"我不回答假设性问题""现在还不存在这一'如果'的情况""目前我还没有掌握更多的信息，我们会尽快调查，一旦有了新的情况，一定会及时通知各位"，然后告知记者和公众你目前的态度和行动。当然，对于未能及时解决的问题和工作中的失误，也要诚恳地表达出歉意。

曾经有篇报道，记者采访一位生产企业的负责人，记者问："张总，你们公司出现了一起工伤事故，两名工人在事故中身受重伤，生命垂危，正在医院抢救。据了解，这是由于公司安全生产管理不到位造成的。那么如果两名工人没有抢救过来，死亡了的话，你们公司打算怎么办？"张总回答："如果两名工人死亡了，我们公司每人赔 50 万元。"

能这么说吗？工人还在抢救呢，你凭什么说人家死了以后如何如何？

|第十四节|　形象生动，直观通俗

不要忘记你的回答应该针对普通百姓，危机中也容不得你卖弄文采，况且，你面前这个记者和他身后网友的水平恐怕也不怎么样。

2020 年 3 月底，时任中国驻美国大使崔天凯手书致信上海华山医院感染科主任张文宏，感谢他在网络上向在美的华人科普抗疫知识。因为疫情，张文宏的手书回信在经历了一个月的漂泊后终于到达崔大使的手上。

在信的结尾，张文宏以他一以贯之的风格，真实、人性而又温暖地对出生于上海的崔大使写道："待世界抗疫胜利之时，请您一定要回家乡，一起在您家附近的小酒馆里把酒言欢。"

依然没有空话、大话，依然是朴素而平和。

复旦大学附属中国红十字会华山医院

院址：上海乌鲁木齐中路12号　电话：52889999转接各部门

里，我不会离开，我一定坚持胜利！您的话语启结不仅仅发展了在美的留学生，更多的是关怀了这些留学生的父母亲。我在连线时各位同胞的家长，还未身居异国他乡的学子都是很坚强而独立的中年新一代，用真心关注和担心会给他们更容易反对目前的危机，而留守岗位的莫大使就在就好像他们的父母时刻守在他们的身边。

复工的疫情还在蔓延，很难预估峰值何时到来。但我党 G20 抗疫国际峰会上书记所说，只要我们团结合作，守望相助，就一定能够战胜疫情。如果大使馆觉得需要，我们复旦大学感染团队非常愿意为海外学子开设网络咨询通道。相信我们的专业是能为留学生们提供更多的解答。这也是一份来自侬家乡的问候。

待世界抗疫胜利之时，请您一定要回家乡，一起在侬家附近的小酒馆里把酒言欢。

最后，遥祝您和旅居在外的留学生、华侨华人健康平安！

复旦大学附属华山医院感染科
张文宏
2020年3月31日 于上海金山

1054

有记者问他："你觉得大家为什么关注你？"

张文宏回答说："这样说话很奇怪吗？我们在医院平时都是这样说话啊。"

真的这样吗？可以这样吗？

肯定未必。

能这样讲话，既需要环境，也依靠实力。全媒体时代，表达早已是一门艺术，关乎声誉，关乎形象。

会讲话，能表达，善沟通，懂得与媒体打交道的艺术，已经是全媒体时代管理者的重要技能。疫情来袭，张文宏的出现，不单带给我们很多疫情防控的知识，更是树立了一个会说话的样板。

张文宏的语言表达始终有一个最基本的前提，就是要保证你能听得懂。

西方传播学界要求对外发布新闻信息，接受媒体采访的文字、语言都要像"六年级水平的信件"，也就是说，一个有小学文化的人都能听懂。

在媒体和网友面前，不管是多高级别的领导，千万不要打"官腔"，说那些官话、套话、空话、废话。

不管是多么顶级的专家，千万不要玩专业词汇。不得已用到专业术语，务必加以最通俗化的解释。

语言和文字只有做到形象生动、直观通俗，才有传播力。人家如果不爱听或者听不懂，花再大的气力，传播效果也是零。

许多平常听不懂的专业术语和防疫知识，张文宏一说你就懂。面对各路媒体蜂拥而至的采访，不按套路出牌的张文宏，没有记者所期盼的"慷慨陈词""感天动地"和所谓的专业精深，每次都只是甩出几句简单直白的"大实话"。

"每个人都是'战士'，你在家里不是隔离，是在战斗啊！你觉得很闷么，病毒也被你闷死了。"

"把同事防住了，一切就防住了。"

"大家只要闷两个星期，少说话，语言少了，思想就出来了。"

形象生动、直观通俗、一听就懂，这样的话才会被媒体引用，引用之后也会被公众长久地记住。

长篇大论的发言稿不如入耳、入心一句话。其实，你会发现：张文宏医生所有的回答基本不谈晦涩难懂的专业知识，但是很奇怪，大家好像都愿意去相信他。一听就秒懂，而且还觉得很有道理。张文宏一不小心又上了个热搜。

这确实是一位讲话有"感染力"的感染科主任。

在媒体眼中，有时候事件本身未必重要，而是你的表达方式与众不同。

| 第十五节 |　幽默是最好的外衣

适当的幽默不仅会让现场气氛放松，也会让公众感受到你的乐观和睿智。幽默可以很好地化解尴尬局面，也在公众心目中为个人印象加分。

2020 年，新冠肺炎疫情期间，很多人都担心粮食短缺，在过年前囤了一屋子的蔬菜，从正月初一吃到了正月十五。

其实，在绝大多数地方，短缺的只是医疗物资，食品是不缺的。但如果大家都去囤货，就会因为抢购而造成生活物资短缺。于是在杭州，很多超市、菜场贴出了这样的温馨提示：

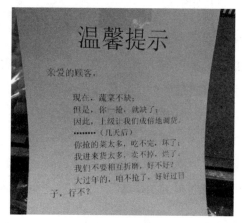

轻松诙谐中，起到了纾解焦虑的作用。

记者有时候会问一些敏感、刁难、不便回答的问题，有些问题回答也不是，不回答也不是。这就是考验你智慧的时候了。

不妨用幽默来一笑了之。

面对媒体，在有些情况下，幽默是最好的外衣。越是尖锐的问题，越是要用幽默感把它化解掉。以幽默的方式回答问题往往能更深刻、生动地说明问题，更能得到记者和公众的理解，在轻松的气氛中达到目的。

中央电视台记者董倩曾经和浙江省工商局局长郑宇民进行过一次对话。

董倩："郑局长，以前我们都在那儿站着说，这次为什么坐着说，是不是因为气比较短了，所以坐着了？"

郑宇民："站着说话和坐着说话跟气短气长有什么关系呢？中央电视台《新闻联播》都是坐着说话的。我不愿意站着说话是因为不愿意跟穿高跟鞋的人在一起比高。你是央企，穿着高跟鞋，我代表民企，我穿着平底鞋，我们在一起，应该坐下来平起平坐，你就没有了高跟鞋的优势。"

2002 年全国两会期间，全国人大代表、重庆市常务副市长黄奇帆来到中央电视台《小崔会客》节目上。

【新闻】中央电视台《两会特别节目——小崔会客》

崔永元："各位朋友大家好，欢迎收看两会特别节目《小崔会客》。我们今天请到的客人是重庆市的常务副市长黄奇帆，让我们热烈地欢迎他。黄市长，我对领导的分工不是特别懂，比如我知道有市长，有副市长，常务副市长是个什么意思？"

黄奇帆："常务副市长就是除了自己分管的工作以外，还协助市长去做好方方面面的一些协调工作，协调有关的一些副市长之间或者跨部门的事情。"

崔永元："您在重庆都分管哪些方面？"

黄奇帆："我一个是分管财政、税务、监察，财经类的事情，这是一块；第二块我也管工业；第三，重庆的国有资产经营，几十个这种大集团，这里的事情也是我在管；另外一块就是教育。"

崔永元："我听出一点问题，您说您主管四个方面，最后说的教育，说明教育在您分管的里面是最不受重视的。"

黄奇帆："所以我们市长很高明，专门要让我分管教育，因为教育的发展需要财力做后盾，不仅是财政调度的财力，而且是社会资金的调度，需要用各种财经的手段，来解决教育中的资金困难。"

当然这个幽默的运用要有度，危机事件、负面新闻中，公众利益受损甚至有人员伤亡你还在那里玩幽默就绝不合适。

　　幽默是一个面对危险提问的有效手段，但是在危机事件、负面新闻里要注意回避不合时宜的幽默感，因为它将产生适得其反的效果，从而一波未平，一波又起。